Für Frank, Muriel, Felix und Nina Schaack-Hacart,
Dany, Carla und Sophia Schaack-Oliveira,
für Fernande, meine Lebensgefährtin
und Edmée Marson, in dankbarer Erinnerung.

CHRIST UND SOZIALIST

Umschlag: Eliane Morroni-Theisen / Verarbeitung: Théo Péporté
© 2017 Michel Schaack, Luxemburg
Herstellung und Verlag: BoD - Books on Demand, Norderstedt
ISBN: 978-3-7448-9970-3

Michel Schaack

CHRIST UND SOZIALIST
Von 1789 bis heute

Die Liebe als Weg und Ziel

Unser Jesus Christ ist der erste Sozialist.
(August Bebel, 1840-1913, Gründer der SPD)

Sozialisten können Christen, Christen müssen Sozialisten sein.
(Hellmut Gollwitzer, 1908-1993, evangelischer Theologe)

Christ sein gibt uns ein Wertesystem. Sozialist sein gibt uns eine
politische Vision der Welt und ein Wille zu intervenieren.
(Antonio Guterres, Generalsekretär der Vereinigten Nationen)

Solidarität, Soziale Gerechtigkeit, Frieden und die Bewahrung der
Schöpfung beschreiben die zentralen Anliegen der Sozialdemokra-
tie. Ziele, für die es sich für uns als Christen zu kämpfen lohnt,
immer wieder neu und inspiriert durch die Bergpredigt.
(Malu Dreyer: Ministerpräsidentin von Rheinland-Pfalz und Klaus
Jensen, Oberbürgermeister von Trier i.R.)

INHALT

.

MEIN ANLIEGEN

Beim Surfen im Internet bin ich vor Jahren zufällig auf die Anzeige einer Zeitschrift namens *CuS*[1] gestoßen. *CuS* ist die Abkürzung von Christen und Sozialisten. Es handelt sich hier um eine viermal im Jahr publizierte Schrift der Religiösen Sozialistinnen und Sozialisten Deutschlands.

Wie, was? Religiöse Sozialisten? Ich habe bisher noch nie von einer solchen Gruppierung gehört. Warum bin ich so stark daran interessiert?

Seit vielen Jahren sympathisiere ich mit dem freiheitlichen Sozialismus, zähle bis heute unter meinen Freunden so manche „Rote", bin aber nie Mitglied einer linken Partei geworden. Als Koordinator des Bettemburger Jugendchors[2] und der 1987 gegründeten ONG Chiles Kinder, 2006 umbenannt in Niños de la Tierra,[3] wollte ich parteipolitisch neutral bleiben.

Was ich unter Sozialismus oder Sozialdemokratie verstehe, hat mich einer meiner Freunde gefragt. Überzeugend hat es meines Erachtens Bernard Joinet, den ich in meinem Buch vorstelle, dargestellt. Für ihn heißt Sozialismus, seine Talente nicht allein für das Weiterkommen seiner selbst einzusetzen, sondern für das Weiterkommen aller. Es gehe also nicht darum, in den verschiedensten Lebenssituationen seinen persönlichen Vorteil zu suchen, sondern danach zu trachten, dass alle mitkommen. Das klinge utopisch, aber wir bräuchten ein solches Ideal, um weiterzukommen. Warum soll ein Gegeneinander nicht ein Füreinander ablösen? Nicht die Einzelperson steht im Mittelpunkt, sondern die solidarische Gemeinschaft.

Dieselbe Fragestellung hatte mich schon 2013 beschäftigt, als ich mit meinem ersten Buch *Christ Sein Mit Zorn und Zärtlichkeit*[4] eine Art Bestandesaufnahme meines Lebens vorlegte. Der schöne Erfolg meiner Autobiografie spornte mich an, mich nochmals ans Schreiben zu setzen. Das Resultat liegt vor Ihnen.

Anfang Januar 2016 mache ich mich als Nicht-Historiker auf eine historische Reise, die mit der Französischen Revolution im Jahr 1789 beginnt. Es begleiten mich: eine Anzahl Bücher, so manche davon aus den 1970er und 1980er Jahren, die irgendwie mit einer kritischen Kirche oder/und mit dem Sozialismus zu tun haben. Auch greife ich auf das Internet zurück und darf auf die wertvolle Hilfe von Freunden zählen. Je länger ich recherchiere, desto spannender wird es. Ich lerne Menschen kennen, die mir vorher nicht oder nur wenig bekannt waren. Für viele von ihnen spielt das Christliche eine wichtige Rolle, für sie ist es eigentlich das Rückgrat ihres Lebens, das sie dann im demokratischen Sozialismus konkretisieren. Sie kennengelernt zu haben, ist für mich ein Gewinn, ja sogar eine Freude. Meine Nachforschungen reichen bis zu Beginn des 19. Jahrhunderts zurück. Ich bin mir aber bewusst, dass bereits bei den griechischen Sophisten, bei Plato, auch im Urchristentum sozialistische Vorstellungen entwickelt worden sind.[5]

Ich werde Ihnen neunzig Frauen und Männer aus Deutschland, Belgien, Frankreich, Großbritannien, Italien, den Niederlanden, Österreich, Portugal, Spanien, der Schweiz, Tansania (Afrika), den Vereinigten Staaten und Lateinamerika vorstellen. Ihre Porträts erheben nicht den Anspruch auf Vollständigkeit. Ich habe versucht, das Wichtigste aus ihrem Leben darzulegen. Für viele von ihnen sind Kreuz und Rose eng miteinander verbunden.

In Luxemburg werden Sozialisten und Kommunisten oft als „Pfaffenfresser" dargestellt. Tatsächlich haben viele von ihnen keinen Kontakt zur Kirche oder reden nur von deren negativen Seiten.

Ende Januar 2015 hat unsere Regierung, eine Koalition aus Liberalen, Sozialdemokraten und Grünen, mit dem katholischen Erzbischof Jean-Claude Hollerich, dem Repräsentanten der mit Abstand größten Glaubensgemeinschaft des Landes, eine schrittweise Trennung von Kirche und Staat für die nächsten 20 Jahre unterzeichnet. Dagegen ist eigentlich nichts einzuwenden. Ist dies vielleicht aber der erste Schritt zur Verbannung des Christlichen aus unserer Gesellschaft?

Kein Zweifel: Nicht wenige freuen sich über diesen Trend.

Warum verspüren manche einen Groll auf die Kirche und schieben gleichzeitig auch das Evangelium in die Ecke? Ich vermute, dass sie Kirche als Machtapparat mit der Botschaft Christi gleichstellen, dass dabei aber auch, Kindheitserinnerungen und ein einseitiges Geschichtsverständnis mitspielen.

Sicher: Christentum, das ist der Dreißigjährige Krieg (1618-1648), das sind Hexenverbrennungen und Judenverfolgungen, das ist die spanische und portugiesische Eroberung Mittel- und Südamerikas im 16. und 17. Jahrhundert und die gewaltsame Bekehrung von Eingeborenen, das ist die oft unglückliche Vermischung von Thron und Altar, von Staat und Altar.

Es stimmt aber auch: Christentum ist mehr! Viel mehr!

Alexander von Schönburg, der sich selbst als ein hartgesottener Kirchengegner bezeichnet, weist in seiner *Weltgeschichte to go*[6] darauf hin, dass das europäische Gesellschaftsmodell auf dem Prinzip der Achtung vor dem Schwachen, auf der Sorge um Hilfsbedürftige und der Verpflichtung für das Leben jedes Einzelnen gründet.

Wer hat dieses Denken in die Welt gebracht? Jesus Christus! Er ist einer der herausragendsten Menschen, der je gelebt hat. Seine Botschaft hat gut 2000 Jahre überlebt. Sie hat Frauen und Männer motiviert, sich für diejenigen einzusetzen, die in der Kalkulation der Mächtigen nicht zählen: die Zukurzgekommenen, die Ausgebeuteten, die Hungernden. Nun wird es in Zukunft den Luxemburger Kindern schwer gemacht, Jesus von Nazareth kennen zu lernen. In der Schule ist für Ihn kein Platz mehr, Religionsunterricht muss ab Herbst 2017 wie Sport, Musiklehre und andere Hobbys in der Freizeit stattfinden. Was würden Sie als Kind wählen?

Wer für Gerechtigkeit steht, kommt an Jesus von Nazareth nicht vorbei. Wir brauchen Ihn. Er wird auch in den nächsten Jahren unzählige Menschen in seinen Bann ziehen. Er hilft uns, ob gläubig oder nicht, die Welt im Gleichgewicht zu halten.

Schon vor 70 Jahren hat Kurt Schumacher, ein bedeutender SPD-Politiker der Nachkriegsjahre, geschrieben: „Ohne den Geist der Bergpredigt und seine Belebung würde der Lebenskampf der europäischen Völker sehr viel schwieriger sein."[7]

Michel Schaack
michelschaack@yahoo.de

VON DER FRANZÖSISCHEN REVOLUTION BIS ZUM WIENER KONGRESS (1789-1814)

Jeden Morgen ab vier Uhr treten sie in Gruppen aus den Häusern: Frauen, Kinder und Greise. Sie flehen leise, dass sie leben wollen. Ein Brot ist ein Sieg. Ein Brot von vier Pfund, praktisch die einzige Nahrung, die im Paris des Jahres 1789 verfügbar ist, kostet allein mehr als fünf Sous. Ein Tagelöhner aber verdient weniger als zwanzig Sous am Tag.[8]

Die Menschen schreien nach Brot. Marie-Antoinette, die Gattin des französischen Königs Louis XVI., welche durch ihren verschwenderischen Lebensstil bekannt ist, soll dem Volk gesagt haben: „Wenn sie kein Brot haben, sollen sie doch Kuchen essen."[9]

Damit nimmt die „Revolution aller Revolutionen" ihren Anfang.

Französische Revolution 1789.

Liberté, Égalité, Fraternité.

Freiheit des Einzelnen

Gleichheit der Bürger vor dem Gesetz

Brüderlichkeit aller Menschen

Freiheit der politischen Aktivitäten sowie Widerstandsrecht gegen den Staat gehören dazu.

Welch eine Hoffnung für die kleinen Leute! Aber die Angst geht um. Die Angst um die Zukunft. Sie verbreitet sich schnell in allen Bevölkerungsschichten Frankreichs: beim Volk, beim König, beim Adel und beim Klerus. Die Rechte des Königs werden eingeschränkt, Priester werden verhaftet, der Kirchenbesitz und das Eigentum des geflohenen Adels werden beschlagnahmt. Alles klar! Ende der Revolution? Weiterleben in neugeordneten Bahnen? Nein! Es folgt die Terrorherrschaft der Jakobiner unter Maximilien de Robespierre (1758-1794) und Georges Danton (1759-1794), den eigentlichen „Erfindern" des modernen Staatsterrors. Hunderttausende warten in Paris auf ihre Hinrichtung, jene, welche sich der Revolution widersetzt haben, aber auch solche, die sie nicht gefördert haben. Die europäischen Fürsten ahnen nichts Gutes. Sie befürchten ein Übergreifen der Revolution auf ihre Länder. Sie müssen sich verteidigen, werden jedoch im September 1792 von den Franzosen in Valmy besiegt. Der Verhaftung der königlichen Familie folgt die Proklamation der Republik. Vier Monate später wird Louis XVI., der König von Frankreich, in Paris auf der Place de la Concorde, enthauptet.

Ein fünfköpfiges Direktorium, das die Macht übernommen hat, tut sich schwer, das unruhige Volk zu regieren. Dies ermöglicht dem aufstrebenden General Napoleon Bonaparte (1769-1821) durch einen Staatsstreich, im November 1799, an die Macht zu kommen.

Fünf Jahre später, am 2. Dezember 1804, lässt er sich zum Kaiser krönen. Seine Herrschaft bis 1815 zerstört die feudalen Strukturen. Verfassung und Gesellschaft werden nicht mehr als gottgegeben angesehen, sondern als das Werk von Menschen, also sind sie verwandelbar und eventuell nach den letzten Erkenntnissen gestaltbar. Napoleon lässt neue Gesetzbücher verfassen. Diese garantieren bürgerliche und wirtschaftliche Freiheit des Einzelnen, sowie das Recht auf Privateigentum.

Außenpolitisch zettelt der Kaiser der Franzosen immer wieder Kriege an. Die Schlacht bei Waterloo (1815) gegen die britische und preußische Armee führt zum Ende seiner Herrschaft.

Der Wiener Kongress im selben Jahr stellt die vorrevolutionären Verhältnisse wieder her.

Das Ancien Régime feiert also sein Come-back. Das Sagen haben erneut der Adel und der Klerus, aber auch die Bankiers, die Besitzer von Fabriken, Bergwerken und Ländereien. Ihnen zu Diensten stehen zahl- und namenlose Männer, Frauen und Kinder, die voller Hoffnung auf eine bessere Zukunft vom Land in die Städte gezogen sind.

Die Ideen der Aufklärung und der Demokratie haben sich inzwischen in den Seelen der Menschen eingenistet. Es kommt mancherorts in Europa zu Aufständen, so auch zur Juli-Revolution 1830 in Paris, in der die Bourbonen gestürzt werden.

Das Musical *Les Misérables* von Alain Boubil/Claude-Michel Schönberg, nach dem gleichnamigen Roman von Victor Hugo, bringt uns den Kampf des Volkes nahe. Unvergesslich für mich sind verschiedene Melodien und die Botschaft des französischen Dichters, zusammengefasst im Schlusslied:[10]

„Wollt ihr, dass der Sieg gelingt? Seid ihr bereit und steht uns bei? Hinter den Barrikaden winkt uns eine Welt, gerecht und frei!

Hört ihr, wie das Lied erklingt? Hört ihr den fernen Trommelschlag. Es ist die Zukunft, die er bringt, und der neue Tag. Der neue Tag!"

INDUSTRIALISIERUNG

Über Jahrhunderte haben sich die Landschaften Europas kaum gewandelt. Doch durch den Übergang der Agrargesellschaft zur industriellen Produktionsweise verwandelt ein ganzer Kontinent sein Gesicht. Die Zeiten sind hart, aber die Industrialisierung und die kapitalistische Wirtschaftsweise, vor allem in Europa und in Nordamerika versprechen vieles. Die Eroberung der Kolonien seit dem 18. Jahrhundert trägt zur raschen Industrialisierung bei. Kein Ruhmesblatt, wie die Europäer sich bereichern. Wenn nötig, wird vor Mord nicht zurückgeschreckt.

Neue Verkehrswege werden erschlossen und durchschneiden förmlich das Land. Dampfmaschine, Eisenbahn, Telegrafie sollen das Leben der Menschen vereinfachen. Das Pfeifen der Lokomotiven, das unaufhörliche Rattern der Eisenbahnräder mögen nerven, der Fortschritt aber ist nicht mehr aufzuhalten. Fabrikhallen und Schornsteine wachsen aus dem Boden. Sie bringen Arbeit für alle. Würdige Arbeit?

Die Stadt lockt. Viele Familien versprechen sich einen gesellschaftlichen Aufschwung. Sie verlassen das Land, auf dem sie aufgewachsen sind, um sich in der Stadt oder am Rande der Stadt eine neue Zukunft aufzubauen. In den neuerrichteten Fabriken wird nämlich besser bezahlt als in der Landwirtschaft. Das idyllische Bild vom Bauern und seiner Frau, die nach stundenlanger, harter Feldarbeit einen Augenblick ruhen und im gemeinsamen Gebet frische Kräfte schöpfen, ist passé. Jean-François Millets (1814-1875) berühmtes Gemälde *Das Angelusläuten* stimmt nicht mehr.

Hungersnöte in Europa, vor allem die große Hungersnot von 1845 in Irland, verursacht durch eine unbekannte Kartoffelkrankheit, lassen Tausende den Ozean überqueren. Auch manche unserer Vorfahren sehen keine Zukunft in ihrer Heimat und wandern nach Amerika aus. Zwischen 1840-1890 sucht, grob gerechnet, ein Drittel der damaligen Bevölkerung Luxemburgs ihr Glück in den Vereinigten Staaten von Amerika.[11]

Die Landflucht in die nahe Stadt oder sogar nach Übersee bringt jedoch für viele nicht das große Glück. Die Geflüchteten wohnen in den Städten am Existenzminimum. Oft müssen sie sich damit abfinden, auf engstem Raum zusammengepfercht zu leben. Elendsviertel entstehen.

Der deutsche Ökonom Werner Sombart (1863-1941), berichtet, dass fast die Hälfte aller Menschen in Großstädten in Wohnungen von einem oder zwei Zimmern - manchmal zu sechs oder mehr - hausen müssen. Es sind Unterkünfte unter dem Dach oder im Keller, oft ohne fließendes Wasser und ohne Kanalisation, meistens in verkommenen Wohnvierteln. Erdlöcher im Hof dienen als Toiletten. Krankheiten, Epidemien verbreiten sich in Windeseile. Manchmal teilen sich die Familienmitglieder ihre Behausung mit Schlafgängern, die den kargen Lohn der Vermieter etwas aufbessern. Der übermäßige Alkoholkonsum, der die Trostlosigkeit des Lebens vergessen lassen soll, trägt dazu bei, dass es öfters zu Streit kommt.

Für einen Hungerlohn wird gearbeitet - auch sonntags - wenigstens zehn Stunden täglich.

Das Gehalt so mancher Familienväter erlaubt es nicht, eine Familie zu ernähren. Deshalb werden auch Kinder zur Arbeit herangezogen, z.B. in den Gruben. Weil die Knaben klein sind, eignen sie sich gut, um dort kohlegefüllte Wägelchen ganz nah am Felsen vorbei zu ziehen. Nach einigen Jahren sind sie jedoch körperlich und seelisch ruiniert. Viele enden in der Prostitution oder überleben als Taschendiebe.[12]

Ein Bericht aus dem Jahr 1829 über die Eröffnung neuer Industrien in Luxemburgs Vorstadt Pfaffenthal[13] lässt mich aufhorchen. Hier sind neben Erwachsenen auch 60 bis 70 junge Mädchen beschäftigt, die meisten von ihnen jünger als acht Jahre. Sie verrichten Arbeiten, „welche ihren Körperkräften und dem Entwicklungsgrad ihrer Intelligenz entsprechen; es ist, in der Tat, ein sehr angenehmes Bild zu sehen, wie Kinder in diesem Alter sich daran gewöhnen, so früh schon die Bestimmung zu erfüllen, zu der ihre soziale Stellung sie zu berufen scheint." Sehr angenehm?! Von wegen!

Millionen Kinder haben keine Zeit zum Spielen. Sie müssen arbeiten: in der Heimarbeit, in der Landwirtschaft, in Dienstleistungsbereichen, in Fabriken oder in Gruben. Stellvertretend für Unzählige von ihnen geben wir Nikolaus das Wort. Er wird kurz nach seiner Schulentlassung in einer Ziegelei angestellt. Er erzählt, dass er neben sechzig Erwachsenen und vierhundert Jugendlichen, Mädchen und Jungen, zehn Stunden pro Tag arbeiten musste. Seine Knochen spüre er wie zerschlagen und seine Hände seien rot vom vielen Staub. Außer an Ruhe und Sterben hätte er an gar nichts mehr gedacht. In fünf Monaten hätten sie aus ihm, dem frohen Kind, einen sich nach Tod und Grabesruhe sehnenden Greis gemacht.[14]

DIE SOZIALE FRAGE IN DER KUNST DES 19. JAHRHUNDERTS

Auch die Schriftsteller verschließen die Augen nicht vor dem Elend. Nennen wir Henrik Ibsen in Norwegen, Charles Dickens, Benjamin Disraeli und Charles Kingsley in England, Emile Verhaeren und Maurice Maeterlinck in Belgien, Louis Blanc, Honoré de Balzac, Victor Hugo und Emil Zola in Frankreich, Fjodor Dostojewski, Nikolai Gogol und Leo Tolstoi in Russland, Georg Büchner, Gerhard Hauptmann und die vielleicht weniger bekannten Arbeiterdichter Georg Herwegh, Georg Weerth und Ferdinand Freiligrath in Deutschland. Letztgenannter, bekannt als Trompeter der Revolution, weiß von der Wichtigkeit der Liebe, gerade in schweren Zeiten:

„O lieb, solang du lieben kannst!

O lieb, solang du lieben magst.

Die Stunde kommt, die Stunde kommt

Wo du an Gräbern stehst und klagst."[15]

Zeitlose, ewige Worte, die Franz Liszt vertont hat. Sein Freund Richard Wagner aber auch Guiseppe Verdi, Umberto Giordano, setzen in Musik um, was das Volk bewegt. Die Oper *La Muette de Portici* von Daniel François Auber gibt den Anstoß zu der belgischen Revolution, die schließlich zur Unabhängigkeit unseres Nachbarlandes führt.

Maler wie Johann Peter Hasenclever und Karl Spitzweg in Deutschland, Jacques Louis David, Caspar David Friedrich und Eugène Delacroix in Frankreich stehen stellvertretend für die Künstler, die im Bild festhalten, was sich im 19. Jahrhundert Wichtiges ereignet. Auch Jules-Gustave Besson und Eugène Laermans geben der Misere der Arbeiterklasse Ausdruck. Gustave Courbet wird von den „Tüchtigen" gebrandmarkt, weil er die einfachen Leute, den Pöbel, in Großformat malt. Francisco Goya entfaltet sich zu einem engagierten Zeugen der Ereignisse seiner Zeit. Der sozialistische Publizist Wilhelm Wolff[16] drückt die Hoffnung dieser Künstler so aus: „Nur eine Umgestaltung der Gesellschaft auf dem Prinzipe der Gerechtigkeit kann uns zum Friede und zum Glücke führen."

DIE FRÜHSOZIALISTEN

Überall in Europa brechen Menschen aus der Masse aus, trauen sich Ideen zu verbreiten, die, wie sie hoffen, mithelfen werden, eine bessere Welt aufzubauen. Sie nennen sich Frühsozialisten, weil ihre Theorien vor den Revolutionen von 1848/49 entstanden sind und vor allem vor den Schriften von Karl Marx veröffentlicht worden sind.

Bei ihnen spielt die Religion eine zentrale Rolle. Ihre Identität ist christlich, was sie nicht daran hindert, scharfe Kritik an der etablierten Kirche zu üben.

CHARLES FOURIER (1722-1837)

Charles Fourier wird als Sohn eines wohlhabenden Tuchhändlers in Besançon/Frankreich geboren. Auch ihn interessiert der kaufmännische Beruf. Er hält nichts von einer atheistischen Gesellschaft. Er will Ungleichheit, Unterdrückung und Ausbeutung abschaffen. Ihm liegt die Gleichberechtigung von Mann und Frau am Herzen. Fourier verlangt ein bedingungsloses Grundeinkommen, so wie es auch heutzutage in manchen Ländern Europas gefordert wird besonders dann, wenn Roboter die Arbeiter ersetzen sollen. Fourier inspiriert den englischen Philosophen John Stuart Mill. Die Juden bezeichnet er als Parasiten, denen man das Bürgerrecht wieder entziehen müsste. Trotzdem übt er auf sozialistische Theoretiker von gewerkschaftlicher Richtung großen Einfluss aus. Auch die Kommunenexperimente der 1970er Jahre wie bspw. diejenigen des Wiener Künstlers Otto Mühl berufen sich auf ihn.

CLAUDE-HENRI DE SAINT-SIMON (1760-1825)

Saint-Simon stammt aus einer hochadeligen französischen Familie. Er träumt ebenfalls von einer kooperativen Gesellschaft unter Gottes Schutz, in der alle Stände vertreten sind. Für ihn, den Befürworter einer Trennung von Kirche und Staat, kann die Religion als geistiger und moralischer Motor zur Veränderung gesellschaftlicher Missstände werden.

FÉLICITÉ DE LAMENNAIS (1782-1854)

Félicité de Lamennais, Sohn eines bretonischen Waffenherstellers, verliert seine Mutter bereits mit fünf Jahren und wird von einem seiner Onkel großgezogen.

Mit 33 Jahren wird er zum Priester geweiht. Genau wie Fourier und Saint-Simon vertritt er die Meinung, dass nur mit Gott eine neue brüderliche Gesellschaft funktionieren kann, in der die Teilung der Güter neben Privateigentum bestehen könnte. Er stellt sich auf die Seiten der armen und mittellosen Arbeiter und nähert sich dem Sozialismus, zu dem er sich später bekennen wird. In seinen Schriften fordert er die Amtskirche heraus. 1832 verurteilt Papst Gregor XVI. sein Werk. Ein Jahr später legt Lamennais sein Amt nieder, bleibt aber weiter unbequem. Er fordert die Arbeiter auf, sich gegen ihr Elend zu wehren z.B, wenn sie von ihren Chefs wie Instrumente behandelt werden. Dabei kann er weder auf die Unterstützung der katholischen Kirche noch auf die Hilfe protestantischer Kreise zählen. Trotzdem hat er mit seinen Büchern *Paroles d'un croyant* und *Livre du Peuple* großen Erfolg, auch wenn seine Schriften auf dem Index stehen. Er muss sogar ein Jahr ins Gefängnis, weil er König Louis Philippe scharf kritisiert hat.

Lamennais hat den deutschen Arbeiterführer Wilhelm Weitling geprägt und die frühe französische Arbeiterbewegung nachhaltiger beeinflusst als jeder andere Frühsozialist.

In Großbritannien läßt ein Mann aufhorchen:

ROBERT OWEN (1771-1858)

Robert Owen ist das siebte Kind eines Sattlers aus Newton/Wales. Obschon seine Familie nicht arm ist, verläßt er die Schule bereits mit zehn Jahren, um als Lehrling in einem Textilgeschäft zu arbeiten. Langsam reift in ihm die Erkenntnis, dass die Menschen sich zusammentun müssen, weil dann die Zusammenarbeit aller zum Vorteil eines jeden werden wird. Owen wird Mitbesitzer einer Baumwollspinnerei im schottischen New Lanark, heute Unesco-Weltkulturerbe. Sein Glaube an Jesus von Nazareth spornt ihn an, der Ausbeutung der Arbeiter ein Ende zu setzen. Er verkürzt die Arbeitszeit seiner Beschäftigten, erhöht deren Löhne, lässt sie in einfachen, dezenten Häusern wohnen und gründet für sie eine Pensionskasse. Statt in der Fabrik zu schuften, haben die Kinder seiner Lohnabhängigen die Gelegenheit, in Schulen das Lesen und Schreiben zu lernen. Und in neu erbauten Läden können die Familien zum Selbstkostenpreis einkaufen.

Owen erkennt den Zusammenhang zwischen einer geglückten Kindheit und späteren Lebenschancen. Deshalb sorgt er dafür, dass die ihm Anvertrauten von klein auf in günstigen physischen, moralischen und sozialen Verhältnissen aufwachsen.

Wohlhabende Kollegen prophezeien ihm den Bankrott seines Unternehmens. Das trifft jedoch nicht zu. Im Gegenteil: sein Betrieb blüht auf, Resultat einer zufriedenen, motivierten Belegschaft.

Ebenso wie Saint-Simon ist Owen fest davon überzeugt, dass eine Gesellschaft, die auf einem genossenschaftlichen Sozialismus beruhe, nur auf der Basis einer christlichen Moral aufgebaut werden könne. Er wird von vielen als der Begründer der Genossenschaftsbewegung angesehen.

Noch lange nicht alle Fabrikbesitzer sind mit ihren ArbeiterInnen so menschenfreundlich umgegangen, wie Robert Owen es getan hat. Eine neue Zeit soll endlich beginnen, wo jeder Person Respekt entgegengebracht wird. Das Volk hat es nämlich satt, wie Sklaven behandelt zu werden.

Owen inspiriert den französischen Politiker und Revolutionär ETIENNE CABET (1788-1856). Mit seiner spitzen Feder prangert dieser die sozialen Zustände in Frankreich an, beläßt es nicht dabei, sondern fördert die Bildungsarbeit unter den Arbeitern.

Cabet hat den damals vielbeachteten Roman *Voyage en Icarie* (1840) geschrieben. Hierin wird die Idee eines utopischen Gemeinwesens mit hohem Einkommen entworfen, in dem die Produktionsmittel der Allgemeinheit gehören. Ikarischer Kommunismus wird diese Lehre genannt, die beim Volk gut ankommt und sowohl von den revolutionären Christen als auch von Louis Blanc und Pierre-Joseph Proudhon personifiziert wird.

Allzuvielen Menschen geht es nicht gut.

GEORG BÜCHNER (1813-1837), der hessische Schriftsteller und Revolutionär, drückt im *Hessischen Landboten* (Dezember 1883) die Lage so aus: „Das arme Volk schleppt geduldig den Karren, worauf die Fürsten und Liberalen ihre Affenkomödie spielen."

Durch die Ideen der Frühsozialisten, auch „utopische Sozialisten" genannt, kommt aber Bewegung unter die Menschen. Das Volk erwacht aus seiner Lethargie.

Es kann nicht stimmen, dass Adel, Geistlichkeit und andere Auserlesene eine natürliche Überlegenheit haben. Es kann nicht stimmen, dass das gesellschaftliche Oben und Unten von Gott so gewollt ist. Demnach hätten die unteren Schichten, wie bisher, nur zu gehorchen, und die Welt wäre in Ordnung.

Über die politischen und sozialen Verhältnisse sind viele Bürger maßlos enttäuscht. Revolutionen in Deutschland, Frankreich und Österreich in den Jahren 1848/49 beherrschen das Bild Mitteleuropas.

GEORG WEERTH (1822-1856),

einer der bekanntesten Dichter des deutschen Proletariats, beschreibt die dramatische Situation vieler Menschen in dem damals nicht veröffentlichten *Hungerlied* (1844)[17]:

„Verehrter Herr und König,
Weißt du die schlimme Geschicht'?
Am Montag aßen wir wenig.
Und am Dienstag aßen wir nicht.
Und am Mittwoch mußten wir darben,
Und am Donnerstag litten wir Noth;
Und ach, am Freitag starben
Wir fast den Hungertod!
Drum laß am Samstag backen
Das Brod, fein säuberlich;
Sonst werden wir sonntags packen
Und freßen, o König, dich!"

1848-1914: EINE NEUE ZEIT

Im folgenden Kapitel werden weitere Männer und Frauen vorgestellt, von denen die meisten überzeugte Christen sind. Was verbindet sie? Sie alle kämpfen für die Würde eines jeden Menschen und finden im entstehenden Sozialismus einen Wegbegleiter.

WILHEM WEITLING (1808-1871)

Wilhelm Weitling aus Magdeburg wächst als unehelicher Sohn eines Dienstmädchens in ärmlichen Verhältnissen auf, erlernt das Schneiderhandwerk und durchwandert als Geselle das politisch zerrissene Deutschland, Frankreich und die Schweiz. Dadurch wird sein kritischer Blick auf die Gesellschaft geschärft. Überall erlebt er die ökonomische Ausbeutung, ruft auf zu deren Bekämpfung, wobei er auf die Unterstützung der Kirche hofft, getreu dem Ausspruch von August Bebel „Unser Jesus Christ ist der erste Sozialist." Dieser Spruch ist in vielen Arbeiterbehausungen zu finden.

Wilhelm Weitling ist eigentlich der erste systematische Denker der deutschen Arbeiterbewegung, ja ihr Gründervater. Er fordert sowohl eine politische als auch eine soziale Revolution. Nur so könnten die bestehenden, ungerechten Einkommensverhältnisse in ihr Gegenteil verkehrt werden. Es geht also nicht darum, die Religion zu zerstören, wie von atheistischen Bürgern verlangt wird, sondern sie zu benützen, um die Menschheit zu befreien. Weitling sieht eine enge Verbindung zwischen Christentum und Kommunismus. Er weist immer wieder auf die Ungerechtigkeit des Eigentums hin: „Kein Christ kann mit gutem Gewissen irgendein Eigentum, welches es auch sei, besitzen; sondern alles, was jeder einzelne besitzt, muss in die Gemeinschaft gegeben werden."

Karl Marx, der als Jugendlicher zusammen mit Friedrich Engels in Weitlings Jugendorganisation aktiv war, lädt diesen 1846 zu einem Kommunistischen Kongress nach Brüssel ein. Doch aus der erhofften Zusammenarbeit wird nichts. Marx findet Weitling nämlich zu brav. Eine Genugtuung erlebt Weitling jedoch drei Jahre später. Die belgische sozialistische Zeitung *Le Peuple* nennt ihn den berühmtesten und populärsten Sozialisten. Er muss aber erleben, wie die Kirchen ihn wegen seines Drangs zum Schwärmen ablehnen. Er wandert nach Amerika aus, wo er in New York als Vorkämpfer für die Verbrüderung der Völker gefeiert wird.

Nicht Karl Marx, sondern Wilhelm Weitling wird als erster deutscher Theoretiker des Kommunismus angesehen.

KARL MARX (1818-1883)

Karl Marx wird in Trier geboren als Sohn eines zum Christentum bekehrten Juden. Er wächst in gut bürgerlichen Verhältnissen auf. Nicht weit von seinem Geburtshaus in der Brückenstraße vegetieren Menschen auf engstem Raum, in unhaltbaren Zuständen. Tagsüber sind dort keine Kinder anzutreffen. Ihr „Spielplatz" ist nämlich die Fabrik am Rande der Römerstadt. Sie müssen mitverdienen, damit die Familie überlebt.

Marx trifft in Köln die Dichter Friedrich Freiligrath und Georg Weerth, die bekannt sind für ihre politische Lyrik mit Schwerpunkt Revolution. Zusammen geben sie *Die Neue Rheinische Zeitung* heraus. Marx lernt FRIEDRICH ENGELS (1820-1895), den Sohn eines reichen Textilfabrikanten kennen, der Baumwollwebereien in Wuppertal und Manchester besitzt. Durch seine Lebensgefährtin, eine irische Fabrikarbeiterin, bekommt Engels in Manchester Einsicht in die desolaten Zustände der Arbeiterbehausungen. Er ist skandalisiert. Auch wenn er in seiner Jugend um ein „positives Christentum" gerungen hat, klagt er jetzt die christliche, bürgerliche Welt an, weil sie sich zu wenig um das himmelschreiende Elend der arbeitenden Bevölkerung kümmert.

Engels und Marx sind wahre Freunde. Marx hat nämlich Probleme mit Geld umzugehen, darf aber im Notfall auf seinen Partner zurückgreifen. Dieser hält ihn auch über seine sozialen Erfahrungen auf dem Laufenden. Im Februar 1848 erscheint das von beiden verfasste *Manifest der Kommunistischen Partei*.

„Ein Gespenst geht um in Europa, das Gespenst des Kommunismus." So beginnt dieser weltberühmte Text, der vermutlich nach der Bibel die höchste Auflage aller Publikationen erreicht. Der Kommunismus werde den Kapitalismus besiegen, ist sein Credo. Oder ausführlicher: Ein Wirtschaftssystem, das den größtmöglichen Profit, ohne Rücksicht auf Verluste anstrebt, müsse ersetzt werden durch eine Gesellschaftsordnung, in der es kein Privateigentum gibt und in der alle Güter einer Gemeinschaft geschwisterlich geteilt werden. Es heißt die Kapitalisten zu enteignen, dann werde es keine Knechtung mehr geben. Das Manifest endet mit der Aufforderung: „Proletarier aller Länder vereinigt euch!"

In dieser Schrift beklagt Marx, der christliche Sozialismus sei viel zu eng mit der herrschenden Schicht des Adels verbunden und habe nichts an den bestehenden, ungerechten Verhältnissen geändert. Er fällt ein sehr hartes Urteil: „Der christliche Sozialismus ist nur das Weihwasser, womit der Pfaffe den Ärger des Aristokraten einsegnet."[18] Almosen und Wohltätigkeit allein genügen nicht.

Als Engels seinen schwerkranken Freund mit dem Prophetenbart im März 1883 besuchen will, liegt dieser im Sterben.

Bei der Trauerfeier würdigt Engels seinen Genossen. Dieser habe der Gesellschaft bewusst gemacht, dass die Menschen vor allen Dingen zuerst essen, trinken, wohnen und sich bekleiden müssten, ehe sie sich der Politik, Wissenschaft, Kunst, Religion usw. widmen könnten. Die Produktion der materiellen Mittel bilde also die Grundlage, aus der sich die Staatseinrichtungen, die Kunst entwickelt hätten und aus der sie erklärt werden müssten.

Auch in Frankreich befasst man sich unterdessen mit den sozialen Verhältnissen.

PIERRE-JOSEPH PROUDHON (1809-1865)

Pierre-Joseph Proudhon, Sohn armer Eltern aus Besançon, arbeitet bis zu seinem zwölften Geburtstag als Ochsenhirt, besucht dann die Schule, die er aber wegen Geldmangels zeitweise ausfallen lassen muss. Er bringt es trotzdem zum Ökonom und Soziologen.

Proudhon geht noch schärfer mit den Besitzenden zu Gericht als sein Landsmann Louis Blanc, dessen Theorie aber besser in der Bevölkerung ankommt. Für Proudhon, den Sozialisten, ist Privateigentum Diebstahl. Marx ist zuerst angetan vom Denken des Franzosen, distanziert sich dann aber von ihm, weil dieser die inneren Widersprüche der bestehenden Verhältnisse nur vage anerkannt habe. Mit Gott sei eine sichere Zukunft gewährleistet, meint Proudhon.

LOUIS BLANC (1811-1882)

Nach seiner Schulausbildung wird der Franzose Louis Blanc zuerst erfolgloser Journalist, dann Hauslehrer bei einem Großindustriellen, um sich schließlich erneut als Journalist und Schriftsteller zu betätigen. Während der Februarrevolution von 1848 wird er Vorsitzender des Arbeiterparlaments und Arbeitsminister, ohne aber viel bewegen zu können.

Blanc vertritt die Meinung, dass eine Reform der Wirtschaft die Auswirkungen des Kapitalismus mildern könne. Er betont, der Staat müsse die industrielle Arbeit an sich ziehen und jeden in gleicher Weise entlohnen. Dadurch werde dem Egoismus ein Ende gesetzt und dem Individuum im Ganzen geholfen. Sein 1839 veröffentlichtes Hauptwerk *L' Organisation du Travail* ist noch heute von Bedeutung, weil es erstmals das Recht auf Arbeit als Bürger- bzw. Menschenrecht bezeichnet. Er gilt als politischer Mentor der damals jungen Abgeordneten Jean Jaurès und Georges Clemenceau. Seine letzten Jahre verbringt er als Abgeordneter der äußeren Linken in der Nationalversammlung.

WILHELM EMMANUEL FREIHERR VON KETTELER (1811-1877)

Als sechstes von neun Kindern wird Ketteler im selben Jahr wie Louis Blanc in einer adeligen Familie von Münster geboren.

Er fällt bereits in seinen jungen Jahren durch sein ausgeprägtes Gewissen auf. Sein Studienfreund in München wird der in armen Verhältnissen auf-gewachsene, spätere „Gesellenvater" ADOLPH KOLPING (1813-1865).

Kolping hat bei seiner Wanderschaft als Schuhmacher Schreckliches erlebt. Die menschenunwürdigen Lebensbedingungen der Handwerkergesellen verfolgen ihn. Mit Ketteler kann er die soziale Frage erörtern. Beide werden Priester, Ketteler außerdem Abgeordneter in der Frankfurter Nationalversammlung. Er erlebt, wie Armut und Not die kleinen Leute zermürben.

Als katholischer Bischof von Mainz mahnt er die Besitzenden und Nichtbesitzenden: „Und wir sehen von Zeit zu Zeit Erscheinungen auftauchen gleich Flammen, die bald hier, bald dort aus der Erde hervorbrechen – Vorboten einer allgemeinen Erschütterung, die bevorsteht."[19]

Ketteler hat sich nicht, im Gegensatz zu vielen Kirchenfunktionären, von der Realität der Massen abgetrennt. Er wird sich immer bewusster, dass Mildtätigkeit und gute Werke, wie sie etwa von den karitativ tätigen, von FRANZ OZANAM (1813-1853) gegründeten französischen Vinzenz-Vereinen ausgeübt werden, einfach nicht genügen, was das Verdienst dieser aufopferungsvollen Organisation allerdings nicht schmälern soll.

Als Student des Pädagogischen Institutes in Luxemburg, Anfang der 60er Jahre, habe ich von dem Leben des Priesters VINZENZ VON PAUL (1581-1660), dem „Patron der Nächstenliebe" erfahren. Sein Engagement fasziniert mich. In Saint Lazare hat er während Jahren Tausenden hungernden Menschen zu essen gegeben und den Zuhältern vor den Toren von Paris unzählige Mädchen entrissen. Prompt engagiere ich mich in der hiesigen Sektion und komme dadurch mit der Armut in Luxemburg in Berührung. Ich muss aber ehrlich gestehen, dass erst Ernst Klees Buch *Randgruppen-Pädagogik*[20] und die Auseinandersetzung mit dem Skandal des Hungers bei mir ein fortwährendes Mitgefühl für Minderbemittelte ausgelöst hat.

Ketteler, Kolping, Ozanam, Vinzenz von Paul genauso wie Schulze-Delitzsch und Raiffeisen, von denen im Folgenden die Rede sein wird, haben sich meines Ermessens nie Sozialisten genannt. Sie sind ihrem Gedankengut aber sehr nahe.

Doch zurück zum Bischof von Mainz. Ketteler sieht ein, dass die soziale Frage nicht allein durch karitative Hilfe der Kirche zu lösen sei. Sie müsse durch eine professionelle staatliche Hilfe ergänzt werden. Er hegt offene Sympathien für den Sozialisten Ferdinand Lassalle und ist der Überzeugung, dass die soziale Frage nur politisch gelöst werden könne und das Eingreifen des Staates unumgänglich sei. In der Folgezeit führt er einen Zweifrontenkrieg gegen den Kapitalismus und den Sozialismus. Gegen den Sozialismus? Ja, weil dieser immer stärkere antichristliche und antikirchliche Züge annimmt.

Ketteler bleibt dennoch in seiner Zeit der Bischof mit dem ausgeprägten sozialen Gewissen und hat dadurch viele Gläubige zum Einsatz für die Menschen am Rand der Gesellschaft ermuntert.

Gedanklich vereint mit ihm sind ohne Zweifel Hermann Schulze-Delitzsch und Friedrich-Wilhelm Raiffeisen. Beide gehören zu den Gründervätern des deutschen Genossenschaftswesens.

HERMANN SCHULZE-DELITZSCH (1808-1883)

Hermann Schulze[21] wird als Sohn eines Bürgermeisters und Justizrates in Delitzsch bei Leipzig geboren. Er studiert Jura und wird Richter. So kommt er mit den Problemen der Handwerksbetriebe in Berührung und stellt fest, dass diese durch die Industrialisierung in einen unbarmherzigen Konkurrenzkampf gezwungen werden. Im Mai 1850 gründet er die Vorschuss-Vereine für Handwerker und Arbeiter, aus denen die Volksbanken hervorgehen werden, eine von vielen Initiativen, die aus der prekären Lage der Arbeiter geboren werden. Schulze schreibt, Almosen würden den Empfänger erschlaffen und verderben, seinen Unternehmergeist und Verantwortungssinn lähmen. Nur die Selbsthilfe aus eigener Verantwortung sei die Grundlage einer gesunden Entwicklung.

Schulze-Delitzsch betont, nichts sei so geeignet, die sittliche Würde im Arbeiter rege zu halten, als wenn er „seine Thätigkeit nicht blos als Brodereweb, sondern in ihrer Bedeutung für die gesamte Gesellschaft begreift."

FRIEDRICH-WILHELM RAIFFEISEN (1818-1888)

Friedrich-Wilhelm Raiffeisen[22] wächst in einer religiösen Familie in Hamm an der Sieg auf. Er möchte studieren, hat aber kein Geld. Deshalb entscheidet er sich als 17-Jähriger, in die preußische Armee einzutreten. Wegen eines Augenleidens macht er keine Karriere als Offizier. Er wird Kommunalbeamter und Bürgermeister an verschiedenen Orten im Westerwald. Dort setzt er sich mit der Not der Landbevölkerung auseinander.

Raiffeisen glaubt, der beste Kampf gegen die Armut sei eine gute Bildung. Deshalb lässt er immer wieder neue Schulen planen und bauen, Straßen und Wege erschließen, Wälder aufforsten und die Westerwaldbahn bauen. Im Winter 1846/47 wird die Nahrung knapp.

Raiffeisen reagiert schneller als die Regierung auf die Not. Er kommt auch den einkommensschwachen Bauern zu Hilfe, als diese Viehwucherern ausgeliefert sind. Am 1. Dezember 1854, dem Gründungsdatum des Genossenschaftsgedankens, eröffnet er einen Hilfsverein zur Unterstützung unbemittelter Landwirte. Andere Vereine werden folgen. Raiffeisen geht es hier nicht darum, Almosen zu verteilen, sondern durch günstige Kredite Hilfe zur Selbsthilfe zu leisten. Leider macht seine Gesundheit ihm zu schaffen. Er wird bereits mit 47 Jahren Rentner, fängt an zu schreiben und erlebt mit seinem Buch[23] über die Darlehnskassen-Vereine einen ungeahnten Erfolg. Dadurch wird der genossenschaftliche Gedanke maßgeblich verbreitet.

Raiffeisen stirbt mit 70 Jahren. Zahllos sind die Nachrufe, welche ihm, dem überzeugten Christen und anonymen Sozialisten, in der Presse vieler Länder gewidmet sind.

Bisher sind Kämpfer für mehr Gerechtigkeit praktisch nur aus Frankreich und Deutschland erwähnt worden. Unsere nächsten „Helden" aber kommen aus dem holländischen Friesland, aus England und aus Belgien.

SIBRAND VAN VEEN (1828-1886)

Sibrand van Veen ist einer der ersten christlichen Sozialisten, der vor allem in der ökonomisch sehr armen holländischen Provinz Friesland aktiv war. Er verkündet das „Revolutionäre aus der biblischen Botschaft". Sein Einsatz macht Schule. So gibt es seither eine Anzahl „roter" Pfarrer, die mithelfen, den Unterschied zwischen christlichem und jüdischem Glauben zu überbrücken, die sich mit den Arbeitern solidarisieren und Kriegsdienstverweigerer unterstützen. Sie hoffen, dass auch sie mit ihrem Leben dazu beigetragen haben, den traurigen Alltag vieler Zeitgenossen heller zu gestalten.

„Ein neues Lied, ein besseres Lied,
O Freunde, will ich euch dichten!
Wir wollen hier auf Erden schon
Das Himmelreich errichten.(...)
Es wächst hienieden Brot genug
Für alle Menschenkinder."(Heinrich Heine)[24]

WILLIAM BOOTH (1829-1912)

William Booth wird als Sohn eines englischen Bauunternehmers in ärmlichsten Verhältnissen geboren. Er tritt mit 15 Jahren den Methodisten bei. Als Prediger wandelt er seine 1865 gegründete Christliche Mission in die Heilsarmee um. Er stellt nämlich fest, dass die Schere zwischen den Armen und den Wohlhabenden im Londoner „Urwald" [25] stark auseinanderklafft und dass dem entgegengewirkt werden muss. Die Kirche muss zu den Menschen gehen.

Der Not und Verelendung der untersten, kirchenfernen Bevölkerungsschichten kann jedoch geholfen werden bspw. durch Speisehallen, in denen man für wenig Geld Brot, Suppe, Fleisch und Kaffee erhält. Booths Buch *Im dunkelsten England und der Weg heraus* (1890) wird zu einem Riesenerfolg. Darüber schreibt die *Methodist Times*, Booth wandele sich zum Sozialisten. Weite kirchliche Kreise mögen seine Heilsarmee nicht, da sie das Christentum lächerlich mache. Es kommt sogar vor, dass deren Mitglieder tätlich angegriffen werden. Außerdem werden etliche ihrer Gebäude beschädigt. Booth besteht darauf, dass in seiner Organisation Frauen dieselben Rechte haben wie Männer.

Heute zählt die Heilsarmee etwa dreihunderttausend Mitglieder in insgesamt sechsundachtzig Ländern. So manche Arbeitslose, Verwahrloste, entlassene Sträflinge, Trinker und in Not geratene Frauen finden dort Zuflucht. Als ich, Anfang der sechziger Jahre, mit zwei meiner Freunde durch England reiste, sind wir mehrmals in Großstädten auf die Heilsarmee gestoßen. Wir haben uns gerne einige Augenblicke in ihrer Mitte aufgehalten, nichtsahnend, dass 50 Jahre später auch im reichen Luxemburg in fünfzehn „Sozialläden" Lebensmittel an Minderbemittelte verteilt oder für billiges Geld abgegeben werden und jeder Fünfte von einem sozialen Abstieg bedroht ist.[26]

Doch zurück zum England des 19. Jahrhunderts, wo immer mehr Publikationen[27] zur spannungsgeladenen Lage der in Armut lebenden Menschen erscheinen so bspw. eine Schrift des Londoner Pfarrers Andrew Mearns.

William Booths Namensvetter CHARLES BOOTH (1840-1916),[28] Schiffsunternehmer, Philanthrop und Pionier der Sozialforschung verdient es, hier hervorgehoben zu werden. Sein großes Projekt über die Verelendung in Englands Hauptstadt erstreckt sich über siebzehn Jahre und zeichnet sich dadurch aus, dass Mitglieder der Bessergestellten sich bereitfinden, in den Armenvierteln zu leben. Die Untersuchungen, zusammengefasst in einer *Poverty Map*, sind revolutionär, für die herrschenden Klassen aber schockierend. Sie sind nicht umsonst geschehen, denn in den Folgejahren beschleunigen sie soziale Reformen in England. Auch christlich-sozialistische Vereinigungen engagieren sich für die Menschen am Rande der Gesellschft.

ADOLF DAENS (1839-1907)

Adolf Daens wächst in einer bescheidenen Familie in Aalst/Alost, im belgischen Ostflandern, auf. Als katholischer Priester lassen ihm die Probleme der Arbeiter keine Ruhe. Unmenschliche Arbeitsbedingungen und Ausbeutung erlebt er täglich, hautnah. Sie berühren ihn zutiefst. Er nimmt sich der Handwerker an, versammelt sie beispielsweise nach einem Streik, bei dem verschiedene Kumpel inhaftiert worden sind. Unter den Arbeitern sind auch Henricus CARDIJN (1850-1903)[29] und sein Sohn Joseph (1882-1967), der spätere Gründer der katholischen Arbeiterjugend (JOC), dessen soziales Gespür bei solchen Treffen geweckt wird.

Daens hofft in seinem Engagement auf das Verständnis und die Unterstützung der politisch Verantwortlichen, besonders aber auf seine Kirche. Doch sein unermüdlicher Kampf für die Würde des Volkes passt nicht ins Konzept der katholischen Konservativen und der katholischen Würdenträger. Er muss allein weiterkämpfen. In seiner Not gründet der unruhige Jesuit die Christene Volkspartij und zieht ins Parlament ein. Dadurch bekommt er noch mehr Probleme und wird vom Vatikan von seinem Amt als Priester enthoben.

Daens und seine zahlreichen Anhänger verkörpern einen Sozialismus mit christlichem Antlitz. Sein Engagement wurde 1992 festgehalten in dem ergreifenden, preisgekrönten Film *Daens* von Stijn Coninx, einer Sozialreportage, die mich stark bewegt hat. In prägnanten Worten ist Daens' Überzeugung auf einem Denkmal in Aalst festgehalten:

„Der Arbeiter darf weder Sklave noch Bettler sein, er muss ein freier und wohlhabender Mensch sein."

Laut Umfrage aus dem Jahr 2005 rangiert Daens an fünfter Stelle der beliebtesten Flamen aller Zeiten.

AUGUST BEBEL (1840-1913)

August Bebel wächst in Deutz bei Köln auf. Er erlebt eine von Not und Elend geprägte Kindheit und Jugend, besucht eine Armenschule, erlernt das Drechslerhandwerk und macht sich auf die Gesellenwanderschaft. In Freiburg tritt er, der Protestant, dem katholischen Gesellenverein bei. In seinen Memoiren schaut Bebel mit Wertschätzung auf diese Zeit zurück. In diesen Bildungsvereinen mit einem katholischen Pfarrer als Präses habe gegen Andersgläubige volle Toleranz geherrscht, gesteht er.

Als Vorsitzender des Arbeiterbildungsvereins gründet Bebel 1869, zusammen mit WILHELM LIEBKNECHT (1826-1900), die Sozialdemokratische Arbeiterpartei Deutschlands (SDAD). Demokratie und Sozialdemokratie seien untrennbar, ist ihre Auffassung. Liebknecht lehnt zwar die Religion ab, sieht aber Gemeinsames zwischen ihr und der Arbeiterbewegung. Sechs Jahre vorher hat FERDINAND LASSALLE (1825-1864) die erste deutsche Arbeiterpartei namens Allgemeiner Deutscher Arbeiterverein (ADAV) auf die Beine gestellt. Er lehnt Gewalt und Terror zur Durchsetzung politischer Ziele ab. Innerhalb des Staates soll die Lage der Arbeiter durch Reformen verbessert werden. Beide Strömungen schließen sich 1875 zur Sozialistischen Arbeiterpartei (SA) zusammen, die sich ab Herbst 1890 Sozialdemokratische Partei (SPD) nennt.[30]

In sozialdemokratischen Kreisen sind in den 1870er Jahren folgende Zeilen von Heinrich Heine beliebt:

„Wahrheit heißt unser Kampfpanier und nicht ein töricht Schwatzen. Den Himmel überlassen wir den Engeln und den Spatzen."[31]

Der neue Verein erlebt eine stürmische Anfangszeit. Wegen starker Differenzen mit der Politik von Otto von Bismarck (Amtszeit 1871-1890), Reichskanzler unter Kaiser Wilhelm I., werden nämlich sozialdemokratische Vereine, Zeitungen und andere Publikationen verboten. Es gelingt Bismarck aber nicht, in zwölf Jahren Repression, die Sozialdemokratie dauerhaft zu unterdrücken. Mit einer aktiven Sozialpolitik versucht er, dem monarchischen Staat eine zusätzliche

Legitimation zu verschaffen, um der Sozialdemokratie das Wasser abzugraben. Aber die Arbeiter stehen zu ihrer Partei.

Bebel, auch Arbeiterkaiser genannt, wird die unbestrittene Führungspersönlichkeit. Mit seinem bahnbrechenden Buch: *Die Frau und der Sozialismus*[32] setzt er sich ein für die rechtliche und gesellschaftliche Emanzipation der Frau und entwirft zugleich die Vision einer sozialistischen Zukunftsgesellschaft. Diese sei eigentlich die Weiterentwicklung der alten religiösen Vorstellung vom himmlischen Paradies. Das Christentum habe seit seinem Bestehen die Menschen in Knechtschaft und Unterdrückung niedergehalten. Ein neues staatliches Erziehungskonzept, vom Staat verbreitet, führe zur endgültigen Auflösung der Religion. Diese Umgestaltung könne nur der Sozialismus verwirklichen.

Bebel steht bis zum Schluss unter dem Einfluss der revolutionären Theorie von Marx und Engels.

CHRISTOPH BLUMHARDT (1842-1919)

Christoph Blumhardt wird als Sohn seines in der Krankenseelsorge bestbekannten Vaters Johann Christoph im schwäbischen Möttlingen geboren. Wie sein Vater wird Blumhardt evangelischer Pfarrer in Bad Boll.[33] Er entpuppt sich als ein wortgewaltiger Prediger und einfühlsamer Seelsorger. Der junge Karl Barth, Gottfried Benn, Hermann Hesse, Rosa Luxemburg und Clara Zetkin gehören zu seinen Gästen.[34] Blumhardt sagt seiner Kirche, die auf Basis der Einheit von Thron und Altar beruht, den Kampf an. Er kennt die Probleme der Arbeiter, weiß auch, dass die Losung der Arbeiterbewegung bereits in der Bibel (Römer 14, 17) vorhanden ist: Gerechtigkeit, Friede und Freude. Für ihn gilt die Klassenunterschiede zwischen Kapitalisten und Proletariern aufzuheben, allerdings ohne Diktatur des Proletariats, wie es sein Zeitgenosse Marx fordert.

Für ihn ist es eine Schmach der christlichen Kirche, dass sie nicht mit allen Kräften mithilft, die Soziale Frage zu lösen. Er aber ist der festen Überzeugung, dass Jesus als Sozialist gestorben ist und seine Apostel Proletarier gewesen sind. Er vertritt den Standpunkt, dass sich ein Nachfolger Christi sehr wohl mit der Sozialdemokratie verbinden kann, jedenfalls mehr als mit einer andern Staatsform. Blumhardt ist sich konsequent. Kurz vor der Jahrhundertwende wird er Mitglied der SPD. Die Württembergische Landeskirche aber duldet seine Haltung nicht. Er muss seinen Pfarrertitel ablegen.

Auch ist Blumhardt ein heftiger Kritiker des Kolonialismus und der damit einhergehenden Missionierung. Er hält nichts von einer schnellen Bekehrung der „armen Heiden." Er ist sich bewusst, dass das Wesen aller Kolonialpolitik darin besteht, eine „fremde Bevölkerung in der höchsten Potenz auszubeuten", so wie der Sozialdemokrat August Bebel es 1889 im Reichstag ausgedrückt hat.

Einfach hat er es nicht mit seinen atheistischen Parteigenossen, doch mit der Zeit verschafft er sich Respekt. An seinem Grab gesteht einer von ihnen: „Er hat versucht, Christus über den breiten Graben, der uns von den Bürgerlichen trennt, zu uns herüber zu tragen. Das werden wir ihm nie vergessen." Blumhardts Mitgliedschaft in der SPD ist ansteckend für viele sozialengagierte Christen, so für Leonhard Ragaz. Wie kaum ein anderer habe Christoph Blumhardt mit seiner Ablehnung von Krieg und sozialer Ungleichheit die folgende Generation aufgeklärter Theologen wie Karl Barth und Paul Tillich beeinflusst, schreibt Arnd Brummer in der Zeitschrift *chrismon*.[35]

WILHELM HOHOFF (1848-1923)

Wilhelm Hohoff, der Sohn eines Gerichtsbeamten aus dem Sauerland, wird 1871 zum katholischen Priester geweiht. Er ist einer der ersten Christen, die sich ernsthaft mit den Schriften von Karl Marx auseinandersetzen. Vier Jahre später läßt er sich mit August Bebel in eine öffentliche Kontroverse zu dem Thema „Christentum und Sozialismus" ein. Während Bebel zuerst im Zusammengehen beider Richtungen keine Chance sieht, versucht Hohoff ihn vom Gegenteil zu überzeugen. Er meint, nicht Christentum und Sozialismus stünden sich gegenüber wie Wasser und Feuer, sondern Kapitalismus und Christentum. Er wiederholt - vergebens - seine Forderung nach einer Annäherung beider Richtungen und schreibt 1893 in der *Monatsschrift für Christliche Sozialreform*: „Wenn man hüben und drüben wüßte, was in Wahrheit Marx und die katholische Kirche lehren, so wäre eine Verständigung leicht möglich, ja selbstverständlich und geboten. So aber führt man vielleicht demnächst einen Kampf auf Leben oder Tod gegeneinander aus Unwissenheit und Unverständnis." Der „rote" Pastor wird von hoher Warte aus öffentlich gerügt, weil er klar und deutlich ausspricht, dass ein Katholik das Recht habe,

Sozialdemokrat zu sein. Seine Ideen geraten zunächst in Vergessenheit, werden aber später von Theodor Steinbüchel und Walter Dirks wieder aufgegriffen.

LEONHARD RAGAZ (1868-1945)

Im Vergleich zu den bisher erwähnten religiösen Sozialisten, widme ich Leonhard Ragaz mehr Platz, weil sein Leben so viele überraschende und wertvolle Momente enthält.

Leonhard Ragaz wird als Sohn einer Kleinbürgerfamilie in Graubünden/Schweiz geboren. Er fühlt sich zum Lehrer und evangelischen Pfarrer berufen. Einerseits wirkt er recht brav und sympathisch mit seiner kleinen Nickelbrille und seinem Schnurrbärtchen, andererseits bringt er die Gemüter in Wallung durch seine stets aufmüpfigen Reden. Er ist hell begeistert von seinem Landsmann HERMANN KUTTER (1863-1931). Dieser hat die vielbeachtete Publikation *Sie müssen!* 1903 herausgegeben. Hierin bezeichnet der evangelische Pfarrer Paul Brandt die Mitglieder der Schweizer Sozialdemokratischen Partei „Werkzeuge Gottes zur Schaffung einer besseren Zukunft."

Leonhard Ragaz und seine Kollegen bauen 1906 die religiös-soziale Bewegung der Schweiz auf. Ihr Sprachrohr zur Außenwelt ist die Zeitschrift *Neue Wege,* um die sich Ragaz bis zu seinem Tod intensiv kümmert. Martin Buber (1878-1965), bedeutender Vertreter der jüdischen Tradition des Religiösen Sozialismus, ist einer der Autoren dieser Zeitschrift.

Ragaz ist für alle Überraschungen gut: Im November 1912 marschiert er, der Dekan der Theologischen Fakultät, in Basel im Umzug der sozialistischen Arbeiter mit. Vertreter aus 23 europäischen Ländern sind nämlich zusammengekommen, um für den Frieden zu kämpfen. Sie sind fest entschlossen, mit allen Mitteln die Ausweitung des Balkankrieges zum Weltenbrand zu verhindern. Die Friedensdemonstranten der Zweiten Sozialistischen Internationale folgen Ragaz' Einladung und ziehen mit ihren roten Fahnen in das Basler Münster ein. Ungewöhnlich sind der Tagungsort und die Umstände der Eröffnung des Treffens. Bevor die Sozialisten nämlich in den Dom einziehen, läuten die Glocken, und der Organist spielt ein Stück von Johann Sebastian Bach. Anwesend unter den Vielen: JEAN

JAURES (1859-1914), der Historiker und bestbekannte Sozialist. In seiner flammenden Ansprache, die der Franzose wie alle Redner von der Kanzel herab hält, geht Jaurès auf die Beziehung seiner Parteigenossen zu den Christen ein. „Hier in Basel haben die Christen uns ihre Kathedrale geöffnet. Dass alle, die ernsthaft den Worten ihres Meisters folgen, dieselbe Hoffnung nähren: den Frieden aufrechterhalten," betont er. Unter donnerndem Applaus ruft er zu einer gemeinsamen Opposition gegen die Dämonen des Krieges auf. Bebel besteht darauf, als Atheist, den kirchlichen Behörden seinen Dank auszusprechen für ihr wunderbares Zeichen von Toleranz „besonders uns gegenüber, die wir als Feinde der Religion, der Ehe und der Familie dargestellt werden, als die Umstürzler, die alles durcheinander werfen wollen." Er sei freilich der Überzeugung, dass „wenn heute der christliche Heiland wiederkäme und diese vielen christlichen Gemeinden, diese Hunderte von Millionen sähe, die sich heute Christen nennen es aber nur dem Namen nach sind, dass er dann nicht in ihren Reihen, sondern in unserm Heer stehen würde."

Außergewöhnlich, dieser sozialistische Kongress vom 23. November 1912 in einer Kirche, im Tempel der Menschlichkeit![36] Außergewöhnlich, dass am Grab von Erasmus von Rotterdam, dem bedeutenden Humanisten und Kapuziner-Mönch, Jaurès und Bebel sich geloben, nie müde zu werden im Kampf gegen den Krieg.

Europaweit wird dieses Ereignis mit Staunen registriert. Ragaz muss sich sehr gefreut haben. Der Sozialismus zieht ihn immer mehr in seinen Bann. In dieser Lehre erkenne er ein wunderbares Auftauchen des Gottesgedankens. „Nicht der Sozialismus war's im letzten Grunde, was uns mitnahm", jubelt er, „sondern der große Gott, der uns gerade auch im Sozialismus deutlich geworden war." Nur logisch, dass Ragaz 1913 Mitglied der Sozialdemokratischen Partei wird. Trotz starken Einsatzes kann die Linke den Ersten Weltkrieg (1914-1918) nicht verhindern. Trotz großen Bedenkens stimmt sie den Kriegskredit.

1920 legt Ragaz seine theologische Professur nieder. Wie Blumhardt glaubt er nämlich fest daran, dass die beste Theologie nichts bringt, solange die Kirche ihre Klassenbindung nicht überwindet. Für ihn hat diese Überlegung praktische Konsequenzen. Er zieht in das Züricher

Arbeiterviertel um, kümmert sich dort um die Bildung der Handwerker und gibt mit ihnen die Zeitschrift *Neue Wege* heraus.

Ab 1921 widmet er sich, unterstützt von seiner Frau Clara, der Friedens- und Arbeiterbewegung.

Der Schweizer Humanist studiert weiter die Auswirkungen des kapitalistischen Systems auf die Seele des Menschen. Er stellt fest, dass der Götze Mammon nicht nur die Menschen, sondern auch die Natur zerstöre, wenn keine Wandlung eintrete.

Ragaz, ein Visionär? Ja, in der Ökologiebewegung, der feministischen Theologie und in der Befreiungstheologie finden sich heute Spuren seines Denkens.

1982, siebzig Jahre nach dem Friedenskongress im Basler Münster, trifft sich die Sozialistische Internationale erneut an diesem sakralen Ort. LYDIE SCHMIT (1939-1984), Präsidentin der Luxemburger Sozialistischen Arbeiterpartei, hält eine vielbeachtete Festrede, die in ihrer Biografie *Méi Sozialismus*[37] nachzulesen ist. In ihrer Ansprache erfahren wir, dass damals, vor siebzig Jahren, eine Frau anwesend war, vor der sie großen Respekt hatte: Rosa Luxemburg.

ROSA LUXEMBURG (1870-1919)

Rosa Luxemburg wird in Zamosc/Russland als fünftes und letztes Kind des jüdischen Holzhändlers Eliasz Luxenburg geboren. Durch einen behördlichen Schreibfehler wird daraus Luxemburg, Familienname, den sie dann beibehält. Die kleine, gehbehinderte, lebenslustige Person bekennt: „Mensch sein heißt sein ganzes Leben auf des Schicksals große Waage freudig hinzuwerfen, wenn's sein muß, sich zugleich aber an jedem hellen Tag und jeder Wolke zu freuen...Auch ich weiß keine Rezepte zu schreiben, wie man Mensch sein soll, ich weiß nur, wie man's ist..."[38]

Rosa Luxemburg ist sehr interessiert an der Entwicklung der Gesellschaft. Sie kennt die Not der Landleute und Arbeiter und setzt Hoffnung in die Agrarreform von Zar Nikolaus II.. Dabei muss sie feststellen, dass durch dessen Reformen eine Schicht wohlhabender Mittel- und Großbauern entsteht, die Lebensbedingungen der Mehrheit der Dorfbevölkerung sich aber verschlechtern.

Für sie bedeutet intensiv leben, sich in der Politik zu engagieren. Folglich wird sie Mitglied der SPD und entpuppt sich als Wortführerin des linken radikalen Flügels dieser aufstrebenden Partei. Sie warnt vor einem anstehenden Krieg. Allzu viele Männer sehen nämlich in einem großen Gefecht ein Abenteuer, das sie zu Helden machen könnte. Sie aber appelliert an ihre Zeitgenossen, niemals die Waffen gegen ihre französischen oder andere ausländischen Brüder zu erheben.

Die aufmüpfige Frau wird aufgefordert, den Zeitgeist mitzutragen, gehorcht aber nicht und muß ein Jahr in den Kerker.

Der Erste Weltkrieg (1914-1918), beendet die Einigkeit in der deutschen Sozialdemokratie. Rosa Luxemburg wird Mitbegründerin der Kommunistischen Partei Deutschlands, die Anfang 1919 entsteht. Sie bekämpft aber Lenins Revolution in Russland, weil sie eine Schreckensherrschaft ahnt. Sie behält Recht. Sie kämpft für die sozialistische Idee. Sie kritisiert ebenfalls die Entwicklung der christlichen Kirche:

Ursprünglich sei das Christentum eine Lehre gegen gesellschaftliche Ungleichheit gewesen und habe die Vermögensgemeinschaft zur Beseitigung der Ungleichheit zwischen Arm und Reich verkündet. Aber allmählich sei die Kirche aus einem Hort der Gleichheit und Brüderlichkeit zu einem Verbreiter von Ungleichheit und Unrecht geworden.

Rosa Luxemburg geht hart zu Gericht mit den Dienern der Kirche, weil diese die Reichen schützen und vom Schweiß von Millionen leben. Sie fragt sich, was Christus mit den Priestern, Bischöfen und Erzbischöfen tun würde, erschiene er heute wieder auf der Erde. Ihrer Meinung nach würde er „dasselbe tun wie damals mit jenen Händlern, die er mit dem Stock aus der Vorhalle des Tempels vertrieb, damit sie das Haus Gottes nicht durch ihre Schandtaten beflecken." [39]

Die kämpferische Frau versucht, die Arbeiter gegen das Zarenregime und die Herrschaft des Kapitals zu verteidigen, das schaffende Volk zu organisieren, den Menschen bewusst zu machen, dass die Politik, für die sie sich einsetzt, niemandem seinen Glauben nehme und nicht gegen die Religion kämpfe.

Sie wird nicht müde, sich gegen Imperialismus und Kolonialismus einzusetzen. Als begnadete Rednerin ist sie den Herrschenden ein Dorn im Auge. Mehrmals muss sie hinter Gitter. Sie freut sich wie ein kleines Kind, wenn eine Freundin ihr gepresste Blumen in die Zelle schickt. Ist sie wieder in der Freiheit, fängt sie von Neuem an gegen Ungerechtigkeiten zu protestieren. Sie ist den Autoritäten unbequem, sie lässt sich einfach nicht unterkriegen. Also muss sie beseitigt werden. Wenige Wochen nachdem sie zusammen mit Karl Liebknecht die Kommunistische Partei Deutschlands in Berlin gegründet hat, wird sie, Mitte Januar 1919, mit ihm verhaftet, schwer misshandelt, erschossen und in den Landwehrkanal geworfen.

Bestens bekannt ist von ihr die Aussage aus einem Aufsatz *Zur russischen Revolution*: „ Freiheit ist immer nur die Freiheit des Andersdenkenden."

EUROPA, EIN TRÜMMERHAUFEN:

zwei Weltkriege innerhalb von 36 Jahren.[40]

Anfang des 20. Jahrhunderts spielt die bewaffnete Macht in der Gesellschaft eine herausragende Rolle, besonders in den deutsch-sprachigen Ländern Europas. „Der Soldat ist der schönste Mann im ganzen Staat", heißt es bspw. auf einer Postkarte[41] um 1900. Die Kriegsbegeisterung ist vor allem bei der bürgerlichen Jugend sehr ausgeprägt. Lässt dies Schlechtes ahnen oder vielleicht doch Gutes? Das Volk scheint sich nunmehr eins zu fühlen mit seinem Staat.

Norman Angell, ein bedeutender britischer Politiker und Schriftsteller, schreibt 1910 *The Great Illusion*, das Buch, das zum Weltbestseller wird. Auch David Starr Jordan, der Präsident der Stanford University, hat das Werk gelesen. Er verkündet 1913 mit Freude in alle Welt, dass der große Krieg in Europa, der seit langem drohe, nie kommen werde. Die Bankiers würden nicht das Geld für ein solches Gefecht auftreiben, die Industrie würde ihn nicht in Gang halten, die Staatsmänner könnten es nicht. Die Menschen wünschen sich, wie die Dichterin Marie Möller es ausdrückt, dass „des Weltkriegs Melodie nicht länger drohend schalle! Dass bald auch sie in Harmonie wie Glockenklang erschalle."[42]

1914-1918: AUSFLUG IN DIE HÖLLE

Es bleibt jedoch beim frommen Wunsch. Ende Juli 1914 bricht er aus, der große Krieg, der Erste Weltkrieg. Er wird in vielen europäischen Ländern mit Begeisterung aufgenommen, ja sogar fanatisch willkommen geheißen.

„Ausflug nach Paris. Auf Wiedersehn auf dem Boulevard. Auf in den Kampf! Mir juckt die Säbelspitze."[43] So steht es auf einem Eisenbahnwaggon geschrieben, der deutsche Kriegsfreiwillige in die französische Hauptstadt bringen soll. Sie werden nicht lange kämpfen müssen, Weihnachten werde man wieder zuhause feiern, ist überall zu hören.

Von 1914-1918 ziehen insgesamt 63 Millionen Soldaten in diesen ersten totalen Krieg, in dem zum ersten Mal Gas eingesetzt wird. Waffen von nie dagewesener Zerstörungskraft stehen ihnen zur

Verfügung. Großkalibrige Artillerie verwandelt blühende Städte in Mondlandschaften.[44]

Verdun 1916, die „Blutmühle", die Hölle! Über eine halbe Million Soldaten beider Seiten kämpfen monatelang um einige Quadratkilometer Boden und lassen ihr Leben. Und im November 1918, als Frankreich und seine Alliierten den Krieg siegreich beenden, ist das menschliche Leid unvorstellbar:

Fast 17 Millionen Menschen sind in diesem Weltenbrand auf grausame Art umgekommen. Hunderttausende Soldaten kehren als menschliches Wrack nach Hause zurück.

Hölle, wo ist dein Sieg?. Der amerikanische Diplomat George F. Kennan nennt den Ersten Weltkrieg die „Urkatastrophe des Jahrhunderts."[45] In seinem Roman *Im Westen nichts Neues*[46] klagt Erich Maria Remarque die „apokalyptische Tötungsmaschinerie" an. Auch der gleichnamige Film wird zu einem Welterfolg.

Die Nachkriegszeit ist Krisenzeit, besonders für das schaffende Volk. Der Luxemburger Autor Albert Kaiser (1892-1973)[47] beschreibt in seinem Buch *Der tägliche Weg (von und zur Schicht)* die harten Lebensbedingungen der Arbeiterklasse und stellt fest, dass es nur zwei Sorten von Menschen gebe. Es gibt solche, die ausbeuten und betrügen und es gibt uns, „die Ausgebeuteten, die Arbeitenden, die Arbeiter, die Tag und Nacht für die anderen schuften und daher zusammengehören, zusammengehören und zusammengehören." Kaiser überträgt in seinen Lithographien die Figur des Schaffenden auf das Leiden Christi. Er prangert Kapitalismus an ebenso wie Staat und Kirche und möchte die Proletarier an ein sozialistisches Weltbild heranführen.

NACH DEM ERSTEN, NUN DER ZWEITE WELTKRIEG

Nie wieder Krieg! So heißt das berühmte, von Käthe Kollwitz entworfene Plakat aus dem Jahr 1924. Die Deutsche Bundespost hat es als Briefmarke benutzt und es ziert die Titelseite des Buches *Ernstfall Frieden* [48] von Wolfram Weete.

Die Sehnsucht nach Frieden ist groß. Mit der Unterzeichnung des Freiedensvertrags von Versailles endet 1919 der Erste Weltkrieg. Deutschland, eine Weltmacht, hat ihn verloren. Die Weimarer

Republik wird die erste demokratische Staatsform Deutschlands. Dieser Staat aber steht auf wackligen Beinen. (Nach 1000 Jahren Zarenreich haben die Revolutionäre das Sagen. Zuerst Lenin, dann Stalin. Russland wird zur Sowjetrepublik ausgerufen. Josef Stalin, Diktator der Sowjetunion von 1927-1953, säubert sein Reich. Fünf Millionen Hungertote sind zu beklagen.)[49]

1933 kommt Adolf Hitler, der Malermeister, an die Macht. Er erhält immer mehr Zulauf. Selbst die Intelligenzia des Landes schreckt nicht vor ihm zurück, sogar dann nicht, als er die Grundrechte außer Kraft setzt, den Deutschen einhämmert, der Jude sei der Feind und er, als Führer der Herrenrasse, werde die ganze Welt erobern. Die Olympischen Spiele finden 1936 in Berlin statt. Den ausländischen Gästen wird eine Fassade vorgeführt. Sie erleben keine antisemitischen Kampagnen und sind erstaunt über die Teilnahme schwarzer Sportler. Sie fühlen sich wohl in diesem neuen Deutschland.

Der Krieg, der Zweite Weltkrieg kehrt als „mordende Bestie"[50] zurück. Er regiert mit eiserner Faust vom 1. September 1939 bis zum 8. Mai 1945. Hunderttausende von jungen Männern ziehen in den Krieg, der sechs Jahre lang dauert. Der bedeutende Bielefelder Historiker Hans-Ulrich Wehler ist davon überzeugt, Hitler hätte seine Verbrechen nie ausführen können ohne die Zustimmung und Gehorsamsbereitschaft der deutschen Gesellschaft.

„Where have all the soldiers gone, long time passing[51]/Sag mir, wo die Soldaten sind, wo sind sie geblieben?" Pete Seeger

Unvorstellbar: im Zweiten Weltkrieg kommen schätzungsweise insgesamt 60 Millionen Menschen ums Leben. In den KZs alllein gehen 6 Millionen Frauen und Männer, Mädchen und Jungen elendig zu Grunde. Unter ihnen Selma Meerbaum, 18 Jahre jung. Im Lager angekommen, ahnt sie, was geschehen wird. Sie schreibt an ihren Freund:

„Das ist das Schwerste: sich verschenken
Und wissen, dass man überflüssig ist,
Sich ganz zu geben und zu denken,
Dass man wie Rauch ins Nichts verfließt."[52]

CHRISTEN, DIE DAS UMDENKEN WAGEN: DIE ARBEITERPRIESTER (LES PRÊTRES-OUVRIERS) IM 20. JAHRHUNDERT[53]

Wie bereits dargelegt, bildet sich Mitte des 19. Jahrhunderts, infolge der rasanten Industrialisierung, eine neue Gesellschaftsschicht heran: die Arbeiterschaft. Gewußt ist, dass sie in weiten Teilen wenig mit der Amtskirche zu tun hat, ja ihr sogar feindlich gesinnt ist und dies jahrzehntelang. Die Kirche ist eher im Bürgertum verankert. Zwischen Kirche und Arbeitern entsteht ein tiefer Graben.

Nach dem Zweiten Weltkrieg aber geschieht ein Umdenken. Manche Priester, darunter auch Ordensleute, leiden unter der für sie unerträglichen Situation. Sie tauschen ihr Pfarrhaus gegen eine einfache Wohnung, wirken inmitten der Arbeiter und teilen ihr Leben mit ihnen. Sie möchten endlich im Volk verwurzelt sein, so wie Jesus es ihnen vorgemacht hat. Er stand doch immer an der Seite der Schwachen, der Zukurzgekommenen, der Ausgebeuteten. In der Mission de France schließen sich diese Arbeiterpriester zusammen.

Die Dominikaner Jacques Loew und Louis Lebret gründen 1941, in diesem Sinn, das Studienzentrum Economie et humanisme. Loew läßt sich im Marseiller Hafenviertel nieder und arbeitet dort hart, um aus erster Hand die Lebensbedingungen seiner neuen Kumpel kennenzulernen. Auch Alfred Ancel, Hilfsbischof von Lyon, ist während fünf Jahren Arbeiter und Priester. Diese Experimente werden festgehalten durch den französischen Erfolgsautor Gilbert Cesbron (1913-1979). Mit seinem Buch *Les Saints vont en enfer* (1952),[54] macht er ganz Frankreich auf die Dienste junger Priester an der Seite der Proletarier aufmerksam. Kapläne, die nach den Prinzipien von Joseph Cardijn ausgebildet worden sind, passen ihre Pfarreien den Bedürfnissen der Arbeiter an. Etwa hundert Priester teilen deren Beruf und Leben. Sie stellen fest, dass diese kaum in den christlichen Gewerkschaften vertreten sind, sondern bei der CGT,[55] der größten Gewerkschaft Frankreichs. Hier spielen Kommunisten und Linkssozialisten eine maßgebende Rolle. Viele Arbeiterpriester beteiligen sich an Streiks, sogar in Leaderfunktionen, wie etwa Henri Perrin als Informationschef eines Streikkomitees oder Henri Barreau, Sekretär der Pariser Metallarbeitergewerkschaft. Emmanuel Suhard und Pierre Marie Gerlier, Kardinäle von Paris bzw. Lyon, stehen dem

Engagement der Priester unter den Proletariern positiv gegenüber. Als aber Pius XII.[56] 1939 die Geschicke der katholischen Kirche übernimmt, werden die Arbeiterpriester aufgefordert, zurück in ihre Pfarreien zu kehren. Nach dem Wunsch des Papstes sollten sie in Klöstern „neuerzogen" werden. Gut zwanzig Jahre später auf dem Zweiten Vatikanischen Konzil hebt Papst Paul VI.[57] das Verbot der Arbeiterpriester wieder auf.

Immer mehr Priester entschließen sich nun, unter den Arbeitern zu leben. 1969 sollen in Frankreich 82 Arbeiterpriester in 14 Städten aktiv gewesen sein, 1976 waren es 800 in mehr als 200 Städten sowie auf großen Bauplätzen und in den Werften.[58]

Obschon die allermeisten Arbeiterpriester sich keiner Partei angeschlossen haben, stehen sie den Sozialisten oder Kommunisten nahe. Auch in Italien sind sie Teil einer Protestbewegung, zu der auch die sogenannten Basisgemeinden und die Christen für den Sozialismus gehören. Sie sind nicht nur als religiöse Erneuerungsbewegung aktiv. Ihr starkes Interesse gilt besonders dem Alltagsleben der Menschen. Sie greifen auf Karl Marx zurück, um deren Situation zu analysieren. Dabei macht ihnen der Gegensatz zwischen dem Vatikan, zwischen dem Rom der Kirchen, und den Bewohnern der Neubauviertel am Stadtrand oder in den Baracken, zu schaffen. Angeführt von den Priestern Vincenzo Franzoni und Giovanni Battista Mazzi sowie einigen jungen Pfarrern der römischen Elendsviertel, bekennen sich die Arbeiterpriester zu einer armen Kirche und zur Brüderlichkeit. Sie drängen auf Systemveränderung, damit eine gerechtere Gesellschaft entstehe. Sie kratzen an der Macht der römischen Kirche und an der christlich-sozialen Partei. Die Obrigkeit jedoch, beunruhigt vom Linksdrall dieser aufmüpfigen Katholiken fordert sie auf, in die festgefahrenen Bahnen zurückzukehren. Erfolg hat sie dabei nicht.

MENSCHEN, FÜR DIE CHRISTENTUM UND SOZIALISMUS ZUSAMMENGEHÖREN

HEINRICH VOGELER (1872-1942)

Heinrich Vogeler kommt in einer gutbürgerlichen Bremer Familie zur Welt. Er erlernt das Malerhandwerk, bereist die Kunstmetropolen Belgiens, Frankreichs und Italiens und erlangt als Jugendstilkünstler große Anerkennung. Mit einigen Kollegen zieht er sich in die Künstlerkolonie Worpswede bei Bremen zurück, eine Art goldene Insel, Abkehr vom wirklichen Leben. Dort auf dem Barkenhoff[59] trifft er Rainer Maria Rilke, der ihn mit seinen Erzählungen über Russland und seinen Begegnungen mit Leo Tolstoi total begeistert. Er entwickelt eine tiefe Zuneigung zu diesem ihm unbekannten Land.

1914, nach Ausbruch des Ersten Weltkrieges, meldet Vogeler sich freiwillig an die Front. Das dort Erlebte macht ihn zum radikalen Pazifisten. Anfang 1918 verfasst er unter dem Titel *Das Märchen vom lieben Gott* einen Friedensappell an den deutschen Kaiser Wilhelm II. In dieser berühmten deutschen Künstlerschrift steht geschrieben:

„Sei Friedensfürst, setze Demut an die Stelle der Siegereitelkeit, Wahrheit anstatt Lüge, Aufbau anstatt Zerstörung. In die Knie vor der Liebe Gottes, sei Erlöser, habe die Kraft des Dienens! Kaiser!"

Vogeler hat zu viel gewagt und wird deshalb für zwei Monate in eine Irrenanstalt eingewiesen. Zurück auf dem Barkenhoff lädt er Linksintellektuelle ein, um mit ihnen über die gesellschaftlichen Veränderungen in Russland zu diskutieren. Er gründet eine Kommune und eine Arbeitsschule, denn die Erziehung des „Neuen Menschen" läßt ihm keine Ruhe.

Vogeler vertritt einen auf urchristlichen Werten beruhenden Sozialismus, wie Pierre-Joseph Proudhon ihn vorgezeichnet hat.

Mit seiner zweiten Frau, einer Russin, reist er 1923 in deren Heimat, für ihn das Gelobte Land, in dem er auch in den 30er Jahren bleiben muss. Er steht nämlich auf der Fahndungsliste der Nazis.

Als Hitlers Wehrmacht Russland überfällt, muss Vogeler seinen Wohnsitz in Moskau verlassen. In einer Kolchose in der Steppe Kasachstans überlebt er in primitiven Verhältnissen. Viel zu essen hat er nicht, und seine Gesundheit macht ihm zu schaffen. So nimmt des Künstlers verzweifelte Suche nach Utopia ein tragisches Ende.

MARC SANGNIER (1873-1950)

Marc Sangnier, Sohn einer bürgerlichen Pariser Familie, läßt sich in den besten Schulen Frankreichs ausbilden. Er schließt sein Studium mit einem Diplom in Rechtswissenschaften ab. Schon als Student ist er einer der wichtigsten Journalisten der philosophischen Zeitschrift *Le Sillon/Die Furche,* die sich im Laufe der Jahre zu einem Organ der Volkserziehung entwickelt. Er hat ein klares Ziel vor Augen, nämlich die katholische Lehre mit den Idealen der Französischen Revolution zu vereinen, sowie eine Alternative zum Marxismus und zu der antiklerikalen Arbeiterbewegung zu liefern. Er möchte, dass die Kirche sich zu den Arbeitern hin bewege, dass sie nahe beim Volk sei. Er ist ein wahrer Volkstribun und handelt wie Félicité de Lamennais oder Frédéric Ozanam. *Le Sillon* steht nicht für sich, sondern wird getragen von einer über ganz Frankreich verbreiteten linksorientierten Bewegung. Bei ihrem Jahreskongress von 1905 versammeln sich fast 1000 solcher Studienkreise.

Sangniers Ideen werden von Papst Pius X.[60] verurteilt. Daraufhin löst er seine Bewegung auf. Er hat aber die Genugtuung mitzuerleben, wie Papst Benedikt XV. ihn teilweise rehabilitiert. 1912 gründet Sangnier die linksorientierte Partei Jeune République, in der auch Jacques Delors Mitglied ist. Von 1919-1924 und von 1946 bis zu seinem Tode vertritt er seine Bewegung im Parlament. Sangnier ist überzeugter Pazifist. Zwischen den zwei Weltkriegen organisiert er Friedenscamps in Bierville. Hier geht es um die Versöhnung zwischen Frankreich und Deutschland. Nach der Befreiung wird Marc Sangnier Ehrenpräsident des MRP,[61] jener politischen Partei, die unter Charles de Gaulle, zusammen mit den Kommunisten und Sozialisten Frankreich führt.

Sangnier hat viele Spuren hinterlassen. Nicht nur ist er der Verfasser zahlreicher Bücher und Publikationen, sondern auch ein Vorreiter des französischen Jugendherbergwesens. Auch darf er stolz darauf sein, dass seine Schüler sich später in allen demokratischen Parteien wiederfinden und seine Ideen das Zweite Vatikanische Konzil (1962-1965) unter Papst Johannes XXIII. beeinflusst haben.

NIKOLAI ALEXANDROWITSCH BERDJAJEW (1874-1948)

Nikolai Alexandrowitsch Berdjajew erblickt das Licht der Welt in einer Adelsfamilie nahe Kiew. In seiner Jugend wendet er sich von den Notabeln seines Standes ab und studiert Marxismus. Hier findet er aber keine Heimat.

Deshalb strebt er eine Vereinigung dieser Lehre mit dem russisch-orthodoxen Christentum an.

Berdjajew setzt sich wie der Franzose EMMANUEL MOUNIER (1905-1950) für einen „personalistischen" Sozialismus ein. Es könne doch nicht sein, dass nur mehr das Kollektiv, die Klasse in Betracht gezogen werde, der Mensch aber als Einzelperson nicht mehr zähle.

Der materialistische Marxismus ist für Berdjajew zwar eine Religion, aber deshalb falsch, weil Gott als Realität lebt und demnach allein die Macht und das letzte Wort hat. Für den russischen Philosophen trägt nicht der militante Atheismus Schuld am Erfolg von Marx' Gedankengut, sondern die Christen, die den ausgebeuteten und unterdrückten Arbeitern nicht genügend zur Seite gestanden hätten.

Berdjajew macht sich große Sorgen um die Zukunft der Kirche. Er schreibt, die christliche Kirche erlebe eine Krise, die sie bis an ihre Grundfesten erschüttere und aufwühle, aber die Zukunft gehöre dem, der nicht passiv sondern aktiv ist, nicht ängstlich, sondern wagemutig. Nach einer ungeheuren Entchristlichung der Welt und ihrer Folgen wird offenbar werden, dass „das Christentum auf der Seite des Menschen und der Menschlichkeit steht, auf der Seite der sozialen Gerechtigkeit, der Verbrüderung der Menschen und Völker auf der Seite der schöpferischen Gestaltung des neuen Lebens."[62]

Der russische Denker ist fest davon überzeugt, dass die Christen die Umwandlung der Gesellschaft im Geiste Christi als ihre Aufgabe erkennen werden. Wir sollten Berdjajew dankbar sein für seine ermutigenden Worte, denn auch unsere Kirche des Jahres 2017 muß sich neu erfinden.

EMIL FUCHS (1874-1971)

Emil Fuchs wird im Odenwald als Sohn eines evangelischen Vaters geboren. Anfang 1900 ist er kurze Zeit Vikar einer deutschen Gemeinde in Manchester/England.

Der Erste Weltkrieg macht aus ihm einen Pazifisten. 1921 gründet er den Arbeitskreis Religiöse Sozialisten, tritt der SPD bei und lehrt an der Pädagogischen Akademie Kiel. Bald ist er dort unerwünscht, weil er sich öffentlich gegen den aufkommenden Faschismus ausspricht. Er beschwört die christlichen Gemeinden, dieser Lehre zu widerstehen , da sie in großem Widerspruch zur Bergpredigt stehe.

Nach dem Zweiten Weltkrieg nimmt Fuchs eine Berufung an die Uni Leipzig/ DDR an. Der Neomarxist Ernst Bloch wird zu einem seiner besten Kollegen. Ihm wird erlaubt, in den Westen zu reisen, doch er kehrt nicht mehr hinter den Eisernen Vorhang nach Leipzig zurück. Fuchs macht es seinem Freund nach.

NORMAN THOMAS (1884-1968)

Norman Thomas, geboren in Ohio/USA, Sohn eines presbyterianischen Pfarrers, besucht als Student ein gewerkschaftlich-theologisches Seminar, wo er sich vom Sozialismus überzeugen läßt. Er gründet die Zeitung *The World Tomorrow*, die seine Überlegungen über das revolutionäre Russland und seine Ablehnung eines Eintritts der Vereinigten Staaten in den Ersten Weltkrieg verbreitet. In der Zeit von 1928 bis 1948 ist Thomas Wortführer und Präsidentschaftskandidat der demokratischen Sozialisten, die sich klar absondern von jeder Bewegung eines revolutionären Marxismus. Es gelingt ihm aber nicht, die Teilnahme der USA am Zweiten Weltkrieg zu verhindern.

PAUL TILLICH (1886-1965)

Als Sohn eines evangelischen Geistlichen studiert Paul Tillich Theologie und wird Pfarrer an der brandenburgischen Landeskirche. Mit großer Begeisterung engagiert er sich 1914 freiwillig als Feldprediger an die Westfront, erleidet aber einen Nervenzu-sammenbruch und verlässt daraufhin den Dienst. Das vierjährige Erleben des Krieges reißt für ihn und seine Generation einen enormen Abgrund auf.

Nach dem Ersten Weltkrieg wird er Dozent für Theologie und Religionswissenschaft an mehreren deutschen Unis. Inzwischen beteiligt er sich am Berliner Kreis religiöser Sozialisten. Ein „solidarisches Menschheitsgefühl" ist für ihn ein wichtiges Element, sowohl für die sozialistische Bewegung als auch für seine religiöse

Überzeugung. Es schmerzt ihn, wie so viele engagierte Christen, dass die Amtskirche eher mit dem Kapitalismus als mit dem Proletariat verbündet ist. Er sieht im Sozialismus eine zeitgeschichtliche Gestalt des Kairós d.h. die Offenbarung Gottes zum gegebenen Zeitpunkt.

Er plädiert dafür, dass Christentum und Sozialismus eins sein müssten „in einer neuen Welt- und Gesellschaftsordnung, deren Ethos eine Bejahung jedes Menschen ist." Tillich ist sich bewusst, dass die meisten Arbeiter keinen Kontakt zum Evangelium haben. Er stellt fest, dass der Marxismus ein willkommener Ersatz ist für den verloren gegangenen Geist der christlichen Kirchen. Aber auch der Arbeiter bedarf eines seelischen Halts, der seinem Leben einen Sinn gibt. Also will Tillich in der Arbeiterbewegung missionieren. Die meisten seiner religiösen Freunde sind dazu jedoch nicht bereit.

1933 wagt er es, eine Schrift gegen den Nationalsozialismus zu veröffentlichen. Er muss auswandern. Fortan lehrt er während zwanzig Jahren in New York.

Nach seiner Emeritierung verleihen ihm die Vereinigten Staaten die höchste Würdigung, die sie zu vergeben haben: Tillich wird Professor an der Universität Harvard, mit der Befugnis, seine Vorlesungen nach eigenem Gutdünken abzuhalten.

Tillichs geistiges Testament: die Gerechtigkeit muss als Prinzip einer sozialistischen Gesellschaft gelten.

KARL BARTH (1886-1968)

Genau wie sein Vater studiert Karl Barth evangelische Theologie. Mit 25 Jahren wird er Pfarrer in einer Bauern- und Arbeitergemeinde im Kanton Aargau/Schweiz. Schockiert durch die Tatsache, dass Männer seiner Pfarrei bis zu 15 Stunden pro Tag für geringe Löhne arbeiten, schließt er sich der *Sozialdemokratischen Partei* an und lernt die damals in der Schweiz bestbekannten religiösen Sozialisten Hermann Kutter, Leonhard Ragaz und Christoph Blumhardt kennen.

Für ihn ist der Sozialismus trotz seiner Unvollkommenheit, über die man ruhig und offen reden kann, eines der erfreulichsten Anzeichen dafür, dass Gottes Reich nicht stille steht.

1934 wird er zum theologischen Lehrer der Bekennenden Kirche. Diese Oppositionsbewegung evangelischer Christen, zu denen auch

Martin Niemöller und Dietrich Bonhoeffer gehören, lebt gefährlich. Sie verwirft den Nationalsozialismus und grenzt sich ab von Hitlers unterwürfigen *Deutschen Christen*.

Barth übt schonungslos Kritik an Kirche und Politik. Dies hat vielen Zeitgenossen gefallen, andern mißfallen, besonders nach 1945, als er sich gegen den Kommunismus und die Remilitarisierung Deutschlands wendet. Er bemängelt ein fehlendes gesamtkirchliches Schuldbekenntnis gegenüber den Juden und den Muslimen und für die Kreuzzüge. 1966 trifft er Papst Paul VI. zu längeren theologischen Gesprächen.

Karl Barth bleibt einer der einflussreichsten und wichtigsten evangelischen Theologen des 20. Jahrhunderts. Er hat sein Engagement folgendermaßen beschrieben:

„ Gottes Sache in der Welt vertreten und doch nicht gegen die Welt Krieg führen –
die Welt lieb haben und doch Gott ganz treu sein –
mit der Welt leiden und für ihre Not das offene Ohr haben,
die Welt empor tragen zu Gott und Gott hinein in die Welt –
ein Anwalt der Menschen sein bei Gott und ein Bote Gottes, der den Frieden zu den Menschen bringt."[63]

THEODOR STEINBÜCHEL (1888-1949)

Der bedeutende katholische Moraltheologe und Sozialethiker Theodor Steinbüchel aus Köln setzt sich zeitlebens für eine Brücke zwischen Christentum und Sozialismus ein.

Eine vom Gedanken des Reiches Gottes getragene christliche Sozialethik wolle die Lieblosigkeit, die Unterdrückung und Knechtung des Menschen, die der Sozialismus geißele, überwinden, schreibt er. Er verheimlicht aber nicht, dass er Perspektiven für sein Denken von Marx erhalten habe, den er als einen der tiefsten, aber auch einen der ehrlichsten Denker schätze.

Steinbüchel gehört zu den Wegbereitern des Zweiten Vatikanischen Konzils, der Politischen Theologie von Johann Baptist Metz und der lateinamerikanischen Befreiungstheologie. Zu seinen Schülern gehört auch der Luxemburger Priester MARCEL REDING (1914-1993),[64]

Dozent an der katholischen Fakultät der Freien Universität Berlin und hervorragender Experte und Kritiker des Werkes von Karl Marx. Trotz des Kalten Krieges bemüht Marcel Reding sich sehr um den höchst brisanten Dialog zwischen Christentum und Marxismus bzw. Atheismus. Daraufhin wird er 1955 vom Kreml nach Moskau eingeladen,wo er von Minister Anastase Mikojan empfangen wird.

JAKOB KAISER (1888-1961)

Jakob Kaiser wächst in einem katholischen Elternhaus in Hammelburg auf. Beeinflusst durch den „Gesellenvater" Adolph Kolping und durch die katholische Soziallehre tritt der gelernte Buchbinder den christlichen Gewerkschaften bei. Er wird im Rheinland deren zweiter Vorsitzender und versucht erfolglos die christlich-soziale mit der sozialdemokratischen Gewerkschaft zusammenzuführen.

1933 wird Kaiser für den linken Flügel der katholischen Zentrumspartei in den Reichstag gewählt und stimmt gegen seine Überzeugung, aber unter dem Druck der Mehrheit seiner Parteikollegen, für das nationalsozialistische Ermächtigungsgesetz. Acht Monate hält er es im Reichstag aus. Dann schließt er sich der Widerstandsbewegung an.

Nach dem Versuch eines Attentats auf Adolf Hitler am 20. Juli 1944 wird auch er gesucht. Er überlebt als einziger aus dem engeren Kreis des gewerkschaftlichen Widerstands.

1945 ist er Mitbegründer der Christlich Demokratischen Union. Er fordert für diese Partei einen christlichen Sozialismus, eine durchaus populäre Idee in den Gründungskreisen der CDU. Zur Durchsetzung seines Vorhabens bekommt er Hilfe vom Dominikanerpater Eberhard Welty, Sozialethiker. Die Forderung nach einem christlichen Sozialismus findet sich entsprechend in den Kölner Leitsätzen der CDU wieder. Zwei Jahre später hat der Begriff keine Bedeutung mehr in der Partei. Welty hingegen bringt seine Vorstellungen ins Godesberger Programm der SPD ein.[65]

Jakob Kaiser ist der Gegenpol zu Konrad Adenauer. Die renommierte englische Tageszeitung *The Times* sieht in ihm einen zukünftigen nationalen Führer. Diese Vision wird nie Wirklichkeit. Doch Kaiser wird Minister für gesamtdeutsche Fragen (1949-1957) und versucht die

Wiedervereinigung zwischen den getrennten Teilen Deutschlands aktiv voranzutreiben. Dadurch gerät er mehrfach in Konflikt mit Bundeskanzler Konrad Adenauer (1949-1963).

WILLIAM BANNING (1888-1971)

Der gebürtige Friese William Banning übt zuerst den Lehrerberuf aus, studiert dann Theologie und lernt den Marxismus kennen. Seit Ende der 1920er Jahre leitet er die von ihm ins Leben gerufene Bewegung der religiösen Sozialisten der Niederlande. Sein Vorbild: der Schweizer evangelische Pfarrer und Sozialdemokrat Leonhard Ragaz.

Von 1931-1938 ist der pazifistische Christ treibende Kraft der holländischen Sociaal-Democratisch Arbeiderpartij (SDAP). Nach dem Zweiten Weltkrieg engagiert er sich weiterhin in dieser Partei und ist auch maßgeblich beteiligt an Neuerungen in der Reformierten Holländischen Kirche. Darüber hinaus macht er sich einen Namen als Schriftsteller u.a. durch eine Biografie über Karl Marx und über die sozialen Bewegungen. Banning gehört zu den liberalsten Theologen der Niederlande.

OTTO BAUER (1897-1986)

Otto Bauer wird als Sohn einer Arbeiterfamilie in Wien geboren. Während des Ersten Weltkrieges ist er in einem Munitionslager stationiert, arbeitet dann in einer Fabrik für chemische Gravuren und Metallarbeiten. Im Oktober 1926 beschließt er, mit einigen Gleichgesinnten eine religiös-sozialistische Organisation in Österreich zu gründen mit interkonfessioneller und interreligiöser Ausrichtung. Sie wird später in der Sozialdemokratischen Arbeiterpartei (SDAP) aufgenommen werden. Ihr Hauptanliegen: die Befreiung des Proletariats im Geiste der Botschaft des Reiches Gottes. Auch bemüht er sich zwischen der Sozialdemokratie und der Kirche zu vermitteln.

1931 veröffentlicht Pius XI.[66] die Enzyklika *Quadragesimo Anno*. Darin spricht der Papst deutlich die Unvereinbarkeit des Christentums mit dem Sozialismus aus. Es sei unmöglich, gleichzeitig ein guter Katholik und ein wirklicher Sozialist zu sein, dekretiert der Heilige Vater. Damit setzt sich Bauer in seiner kritischen Zeitschrift *Der Menschheitskämpfer* auseinander. Er ist der Ansicht, dass diese Unvereinbarkeit nur Teilaspekte des Sozialismus betreffe. Anfang

1934 wird seine Publikation vom Staat verboten. Auch alle sozialdemokratischen Parteien müssen ihre Aktivitäten einstellen. Nach dem Einmarsch Hitlers und der Annexion Österreichs an das Deutsche Reich wird er selbst, als revolutionärer Sozialist, gezwungen, mit seiner Familie zuerst in die Schweiz, dann in die USA auszuwandern.

Der Abwurf der Atombomben 1945 auf Hiroshima und Nagasaki macht Bauer viel zu schaffen. Für ihn steht der Mensch, der seine Selbstzerstörung erprobt hat, vor einer schweren Entscheidung. Entweder geht er den Weg des Untergangs oder den Weg der Hoffnung. Dieser besteht darin, sich konsequent für die Sache Christi einzusetzen.

AMMON HENNACY (1893-1970), DOROTHY DAY (1897-1980) und der CATHOLIC WORKER MOVEMENT (CWM)

In Ohio/USA aufgewachsen, wird AMMON HENNACY glühender Aktivist der Sozialistischen Arbeiterpartei (SPUSA). Er weigert sich, Wehrdienst zu leisten, weil er den heraufziehenden Ersten Weltkrieg als ungerecht ansieht. Er verbreitet in der Presse ein Statement, in dem er erklärt, er ließe sich lieber erschießen, als am Krieg teilzunehmen. Er wird verhaftet und landet im berüchtigten Gefängnis von Atlanta. Nur die Bibel steht ihm als einzige Lektüre zur Verfügung. Nach seiner Entlassung wird er „kirchenloser Christ", heiratet seine Jugendliebe und läßt sich mit ihr auf einer kleinen Farm nieder, bevor er in Milwaukee als Sozialarbeiter angestellt wird. Hier lernt er den Catholic-Worker-Movement (CWM) und deren Hauptprotagonisten Dorothy Day und Peter Maurin kennen.

In seiner historische Rede am 24. September 2015 vor dem US-Kongress in Washington geht Papst Franziskus auf vier amerikanische Persönlichkeiten ein, die ihn tief beeindruckt haben: Abraham Lincoln, Martin Luther King, Thomas Merton und Dorothy Day.

DOROTHY DAY, Mitglied der Sozialistischen Partei und konvertierte Katholikin, hat als Studentin, am 1. Mai 1933 mit Peter Maurin den CWM gegründet. Für sie ist der Glaube an Jesus Christus die Triebkraft für ihr soziales Engagement, besonders für die Armen, die im Mittelpunkt der Gesellschaft stehen müssten.

Dafür kämpfen die Anhänger des CWM, ein militanter Klassenkampf kommt aber für sie nicht in Frage. Wie Mahatma Gandhi basiert Day die Praxis ihrer Organisation auf die Gewaltfreiheit, die Unterdrückte und Unterdrücker gleichermaßen verändert. Sie stellt die Freiheit und Würde jedes einzelnen Menschen in den Vordergrund. Im Laufe der Jahre entstehen nicht nur in den USA sondern auch in Europa Houses of Hospitality, die benachteiligten Menschen eine große Hilfe sind.

Der Umgang der Vereinigten Staaten mit den Kernwaffen, auch nach dem Zweiten Weltkrieg, macht den Kämpfern des CWM schwer zu schaffen. Dagegen protestieren sie vehement und landen wiederholt im Gefängnis. Erinnern wir daran, dass zum Schluss des Zweiten Weltkrieges die USA am 6. und 9. August 1945 die ersten Atombomben auf die japanischen Städte Hiroshima und Nagasaki geworfen haben. Die Bevölkerung hat bis heute an den Folgen dieses Wahnsinns zu leiden.

Eine Aktion gegen den Vietnamkrieg (1955-1975) bringt die Mitglieder des CWM hinter Schloss und Riegel. Sie lehnen sich gegen die politisch Verantwortlichen auf, weil sie deren skrupelloses Vorgehen nicht mit ihrem Gewissen und ihrem Glauben vereinbaren können.

Das Vermächtnis der CWM könnte man mit einer Aussage des amerikanischen Schriftstellers Robert Frost (1874-1963) so definieren: „Wir müssen nicht auf die große Revolution warten. Ich biete euch eine One-Man-Revolution (die Revolution mit Jesus Christus) an, die einzige Revolution, die kommt."

RELIGIÖSE SOZIALISTEN IN ÖSTERREICH

In Österreich gibt es bereits seit den frühen zwanziger Jahren des letzten Jahrhunderts Spuren von religiösen Sozialisten. Diese bemühen sich, das Christentum mit der Sozialdemokratie zu vereinbaren. Mit Erfolg! 1926 wird der Bund der Religiösen Sozialisten (BRS) gegründet. Was aber nicht heißt, dass der BRS den Segen der katholischen Kirche bekommen hätte. Nein, erst nach dem Zweiten Weltkrieg beendet diese ihre grundsätzliche Feindseligkeit gegenüber der sozialdemokratischen Arbeiterbewegung. Dadurch verbessert sich auch die Beziehung zwischen der katholischen Kirche und der Sozialdemokratischen Arbeiterpartei Österreichs (SPÖ), die 1889 gegründet wurde. Aus einem Kreis, der sich als Ziel gesetzt hat, gegenseitige Vorurteile abzubauen, entsteht die Arbeitsgemeinschaft sozialistischer Katholiken innerhalb der SPÖ.

Unter BRUNO KREISKY, Bundeskanzler von 1970 bis 1983, verbessern sich die Verhältnisse zwischen der SPÖ und der katholischen Kirche. Der Bundeskanzler einerseits und Kardinal FRANZ KÖNIG, Erzbischof von Wien (1956-1985), genannt der „rote" Kardinal andererseits, zwei weltoffene Persönlichkeiten, haben wesentlich zur Versöhnung der verfeindeten Lager beigetragen.

CHRISTEN UND ANDERSDENKENDE IM DIALOG

Zu Beginn der sechziger Jahre des 20. Jahrhunderts fragen sich so manche engagierte Christen in Europa, ob man nicht eine bessere Zukunft der Menschheit aufbauen könne, wenn man Andersdenkende, die man bisher ignoriert habe, mit in die Gespräche einbeziehen würde. In diesem Sinn fällt der belgische Dominikaner DOMINIQUE PIRE (1910-1969)[67] auf. Er wird nicht müde, auf die Wichtigkeit des Dialogs mit Andersdenkenden hinzuweisen. Dieser recht sympathische Priester, dessen bester Freund ein Atheist war, hat mein Denken stark beeinflusst. Von ihm stammt die für mich wichtige Aussage, die ich bei Gelegenheit gerne zitiere: „Heute geht es nicht mehr um den Unterschied zwischen denen, die glauben und denen, die nicht glauben, sondern zwischen denen, die besorgt sind und denen, die gleichgültig bleiben." Ob Pater Pire den katholischen Geistlichen Erich Kellner 1955 bei der Gründung der Internationalen Paulus-Gesellschaft inspiriert hat? Ich weiß es nicht. Jedenfalls organisiert diese Vereinigung in den folgenden Jahren wichtige Treffen zwischen Menschen verschiedener Glaubensrichtungen, in Salzburg (1965), Herrenchiemsee (1966) und Mariánské Lazké (CSSR, 1967). Christen und Marxisten[68] lernen sich kennen, finden Gemeinsamkeiten und organisieren zusammen Veranstaltungen zum Thema Friede. Auch im Vatikan geschieht Neues. 1965 entsteht ein Sekretariat für die Nichtglaubenden mit dem Wiener Kardinal König als Vorsitzenden. Eine Zeitschrift mit Name *Neues Forum*, die diesen christlich-marxistischen Dialog verbreiten soll, wird ins Leben gerufen. Mitarbeiter sind u.a. die berühmten Theologen Herbert Vorgrimler, Karl Rahner und Johann Baptist Metz.

Im April 1971 wird in Santiago de Chile die Organisation Christen für den Sozialismus gegründet. Einer der Mitbegründer, der

Salesianerpater Guilio Girardi „exportiert" diese Bewegung nach Europa.

Unter dem Titel *Christen und Marxisten im Friedensgespräch*[68] veröffentlicht 1976 das Institut für Friedensforschung der Universität Wien geraffte Protokolle dreier Symposien zu diesem Thema. Treffend formuliert es Marko Matic, Professor aus Zagreb: „Die Befreiung des Menschen aus den Teufelskreisen der Armut, der Gewalt, der rassischen, kulturellen und technokratischen Entfremdung ist ein Feld der Zusammenarbeit zwischen Christen und Marxisten. Es gibt keine Humanität, keinen Marxismus als Humanismus und noch weniger ein Christentum ohne Solidarität mit den Unterdrückten und Notleidenden." Er ruft zur Kooperation auf. Gespräche könnten Erfolg haben, wenn man sich gegenseitig folgendes zuerkennt: Terror und Stalinismus sind keine logische Konsequenz des Marxismus, genauso wie die Inquisition und die Kreuzzüge nicht die Folgen des Evangeliums sind.

Die ersten gemeinsamen „Schritte" bestätigen: Christen und Marxisten müssen einander nicht unversöhnlich gegenüberstehen. Warum nicht Partner werden, die Kräfte bündeln, um die anstehenden gesellschaftlichen Probleme zusammen zu meistern?

Heute gibt es in der Bundesrepublik den Arbeitskreis Christinnen und Christen für den Sozialismus,[69] der von je zwei Protestanten und Katholiken geleitet wird. Er umfasst regionale und lokale Gruppierungen. Seit 2003 besteht ein gemeinsames Referat für Kirchen- und Religionsgemeinschaft beim Parteivorstand der SPD und bei der Linkspartei.

JULIUS NYERERE (1922-1999)

Ende der 70er Jahre vertiefte ich mich mit Heißhunger in das Buch *Le Soleil de Dieu en Tanzanie* von Bernard Joinet,[70] einem Priester in einem sozialistischen Land.

Geführt wird dieser afrikanische Staat, zuerst Tanganjyka genannt, seit 1964 von Julius Nyerere, einem frommen, überzeugten Katholiken. In seiner Antrittsrede als Staatspräsident, kommt er auch auf die Vergangenheit seines geliebten Landes zu sprechen. Er betont, das schlimmste Verbrechen des Kolonialismus sei es gewesen, den Schwarzen zu spüren zu geben, dass ihre eigene Kultur wertlos sei.

Ende April 1964 beendet Nyerere die Abhängigkeit Tanganjykas von Großbritannien. Aus Tanganjyka, zusammen mit Sansibar, entsteht der neue Staat Tansania. Nyerere führt einen Einparteienstaat mit innerparteilicher Demokratie ein. 1967 erklärt er seine sozialistischen Überzeugungen in der Deklaration von Arusha. Die Banken und andere Wirtschaftsunternehmen werden verstaatlicht, das Schulwesen reformiert und neue kollektive Dorfgemeinschaften gegründet. Diese „ujamas" orientieren sich am chinesischen Vorbild und an afrikanischen Traditionen. Die verstreut lebende Landbevölkerung soll sich zusammenschließen und zusammenarbeiten. Dadurch werde die Produktion der Güter erweitert und die menschlichen Beziehungen verbessert.

Die Bauern werden eingeladen, an einer Staatsform mitzuarbeiten, welche die Ausbeutung beenden soll. Nicht das Kollektiv an sich, sondern die einzelnen Mitglieder der Gemeinschaften sollen gefördert werden.

Auch wenn Nyereres Reformen nicht immer erfolgreich waren, so ist es ihm doch gelungen, seinen Landsleuten den Stolz wiederzugeben, Bürger von Tansania zu sein.

Ich muß ehrlich gestehen, dass ich für Nyereres Sozialismus schwärmte.

BERNARD JOINET (1929-)

Bernard Joinet hat mit 37 Jahren seinen Dienst als Weißer Vater in Tansania angetreten. Er teilt sein Leben zuerst mit den Ureinwohnern des einheimischen Urwaldes, dann mit den Fischzüchtern des Victoriasees, bevor er als Seelsorger des Universitätskrankenhauses von Dar es Salaam tätig ist. Er arbeitet in einem sozialistischen Land, wobei man erst mal den Begriff Sozialismus definieren müsse, schreibt Joinet. Er habe etwa 150 Definitionen vom Sozialismus ausfindig gemacht.

Für ihn heißt Sozialismus, seine Talente nicht für das Weiterkommen seiner selbst allein einzusetzen, sondern für das Weiterkommen aller. Es gehe also nicht darum, seinen persönlichen Vorteil zu suchen, sondern danach zu trachten, dass alle mitkommen. Er sei sich bewusst, dass dies utopisch sei, aber „wir brauchen ein solches Ideal, um weiterzukommen." Er selbst könne die Befreiung durch Jesus Christus nicht trennen von dem, was uns hindert zu lieben. Er glaube, dass die Liebe nur möglich sei in der Gleichheit und in der Freiheit.

Joinet gesteht, er lebe für die Freude, für die kleinen Freuden des Alltags. Er finde sie im Kontakt mit dem Universum und mit den Menschen. Die Freude sei die Frucht der Liebe und der Brüderlichkeit. Aber er sei tief davon überzeugt, dass die Liebe und die Brüderlichkeit einem nicht in den Schoß fallen, man müsse sie erkämpfen. Im Laufe der Jahre habe er herausgefunden, dass in ihm und in der Welt Hindernisse vorhanden seien, die es unmöglich machen, dass Freude, Brüderlichkeit und Liebe sich richtig entfalten können. Er müsse gegen diese Hindernisse einen beständigen Kampf, ein gnadenloses Ringen liefern.

1945 BIS HEUTE

„Kein Himmel. Nur Gewölk ringsum.
Scharzblau und wetterschwer.
Gefahr und Angst. Sag: Angst-wovor?
Gefahr: Und sprich-woher? Rissig der Weg. Das ganze Feld
Ein golden-goldner Brand.
Mein Herz, die Hungerkrähe, fährt.
Kreischend über das Land." (Albrecht Goes)[71]

Zwei Weltkriege innerhalb eines Vierteljahrhunderts mit über 75 Millionen Toten. Die Welt ist im Begriff, sich selbst auszulöschen. Die Welt ist verrückt, total verrückt. Die Menschen geben die Hoffnung aber nicht auf, dass ein dauerhafter Weltfriede doch noch möglich sei. Zur Erreichung dieses Zieles treffen sich in San Francisco Diplomaten aus 50 Ländern. Sie schaffen es tatsächlich, von Ende April 1945 bis Ende Juni desselben Jahres die Verfassung der UNO zusammenzustellen.

Drei Jahre später, im Dezember 1948, wird die Allgemeine Erklärung der Menschenrechte in der Generalversammlung der Vereinten Nationen verkündet. Zwei Nationen beherrschen fortan die Welt: die USA und die Sowjetunion.

Zwei Jahre später. Schon wieder hält die Welt den Atem an: der Korea-Krieg ist entbrannt (1950-1953). Ich erinnere mich, dass bei uns Proviant angelegt wird. Man bereitet sich auf das Schlimmste vor. Noch ist der Zweite Weltkrieg nicht vergessen.

1952: EUROPÄISCHE GEMEINSCHAFT

1952 ist für Europa ein wichtiges Jahr. Auf Initiative des französischen Außenministers Robert Schuman wird nämlich die Montanunion gegründet. Die europäische Gemeinschaft für Kohle und Stahl bildet den Kern der späteren Europäischen Union.

1956: VOLKSAUFSTAND IN UNGARN

Ende Oktober, Anfang November 1956: Der Freiheitskampf der Ungarn gegen die stalinistische Diktatur scheitert. Die übermächtige

Sowjetarmee eilt dem angeschlagenen Regime zu Hilfe. Neben 2500 Toten sind 20.000 Verletzte zu beklagen. 200.000 Menschen fliehen in den Westen. In ganz Europa finden Protestmanifestationen statt. Auch in Luxemburg. Ich beteilige mich am Marsch zur Botschaft der Sowjetunion in Beggen.[72] Einigen Protestlern, darunter auch geflüchteten Ungarn, die ihre Wut nicht bändigen können, gelingt es, in die Gesandtschaft einzudringen und alles kaputt zu schlagen, was ihnen im Weg steht. So war's nicht gedacht!

DIE 60ER JAHRE

Die 60er Jahre sind heiße Jahre im Schatten der Atombombe: Kalter Krieg zwischen Ost und West, Bau der Berliner Mauer (1961), Kuba-Krise (1962). Die USA und die UdSSR verzichten jedoch auf die Anwendung militärischer Gewalt. Ein dritter Weltkrieg wird verhindert. Doch der bewaffnete Konflikt in Vietnam (1964-1975) wird zu einem neuen Hindernis der Entspannungspolitik. Auf Nordvietnam fallen Bomben, Bomben, Bomben. Mehr als auf Deutschland und seine Verbündeten während des Zweiten Weltkrieges.

Die amerikanische Kriegsführung ist dafür verantwortlich, dass etwa eine Million Menschen ums Leben kommen.

Das Massaker, das an der Bevölkerung des südvietnamesischen Dorfes My Lai angerichtet wurde, löst in der ganzen Welt – selbst in den USA – heftige Proteste aus.

Der Dschungelkampf in Südostasien kostet die USA, zuverlässigen Schätzungen nach, rund 2 Milliarden Dollar im Monat (DIE ZEIT, 12 Januar 1968)

„How many times must the cannon balls fly, before the're for ever banned?/Wieviele Kanonenkugeln müssen wohl fliegen, bevor sie endgültig verbannt werden?

The answer my friend is blowin in the wind, the answer is blowin in the wind./Die Antwort mein Freund, weiß ganz allein der Wind, die Antwort weiß ganz allein der Wind."

Bob Dylans Anti-Kriegs-Hymne von 1963 bringt Millionen Menschen zum Nachdenken, doch berührt es diejenigen, die das Sagen haben? Die Arroganz der Macht und der Druck der Waffenindustrie sind stärker.

61

Im Oktober 2016 erhält der Folksinger zur allgemeinen Überraschung den Literaturnobelpreis.

Das 20. Jahrhundert bringt eine Reihe von Staatsterroristen hervor: Lenin, Stalin, Hitler und Mao. Sie alle behaupten zu wissen, was das Glück des Menschen ausmacht und erziehen ihn in ihrem Sinn um. Wenn dies nichts fruchtet, wird er zu seinem Glück gezwungen. In seiner Kulturrevolution (1966-1976) hat Mao etwa 400.000 seiner Landsleute umbringen lassen. Bei unserem China-Besuch 2010 haben meine Frau und ich natürlich auch den Tiananmen Platz besucht. Wir sind nicht allein. Wir verstehen nicht, wieso Tausende von Pilger sich dort täglich versammeln. Sie defilieren am nahegelegenen Mausoleum von Mao vorbei, obschon dieser für massive Menschenrechtsverletzungen verantwortlich ist.

Nicht nur Beängstigendes erleben wir im vergangenen Jahrhundert, sondern ebenfalls Außergewöhnliches, Einzigartiges. Jules Vernes Fiktion wird Wirklichkeit. Auch ich verbringe im Sommer 1969 eine Nacht vor dem Fernseher mit meiner Familie und bin einer von 600 Millionen, die miterleben, wie am 21. Juli 1969 um 2:56 Uhr der amerikanische Astronaut Neil Armstrong als erster Mensch die Mondoberfläche betritt und den berühmten Satz ausspricht: „Das ist ein kleiner Schritt für einen Menschen, aber ein großer für die Menschheit."

DIE 80ER JAHRE

Die 80er Jahre zeichnen sich dadurch aus, dass in Ost und West mit nuklearen Mittelstreckenraketen aufgerüstet wird, als bereite die Menschheit endgültig ihre letzte Schlacht vor. Dagegen kann auch die Friedensbewegung, die Hunderttausende von Bürgern weltweit zusammenbringt, nichts ausrichten. In Luxemburg tun sich Menschen zusammen, die sonst getrennte Weg gehen: Anhänger der verschiedenen politischen Parteien, Gläubige oder Nicht–Glaubende. Eine Gruppe von sogenannten linken Christen, denen auch ich angehöre, verbindet sich mit engagierten Jungsozialisten. Freundschaften entstehen, die bis heute andauern. Wenigstens etwas Positives inmitten dieser Schreckenswelt. Wenigstens etwas Aufbauendes für die Seele. Dies wird Jesus von Nazareth gefallen haben.

Anfang der 70er Jahre setze ich mich mit der schwerwiegenden Problematik des Hungers auseinander. Millionen Menschen hungern. Sie gehen elendiglich zugrunde. Darüber spricht man lieber nicht. Es ist unsere verdammte Pflicht als Christ, diese Gleichgültigkeit zu durchbrechen. Wenigstens ein kleines Zeichen setzen. Wir versuchen es im Bettemburger Jugendchor, ab Mitte der siebziger Jahre, indem wir die Luxemburger aufmerksam machen, wie grausam der chilenische Diktator Augusto Pinochet von September 1973 bis Ende 1989 mit den Bewohnern der Elendsviertel umgeht. Er läßt die Menschen hungern. Gleichzeitig sammeln wir Geld, um Schwester Karoline Mayer bei ihrem Einsatz für die abgeschriebenen Frauen, Männer und Kinder in Santiago de Chile zu helfen.

1987

Ende 1987 ist zu erfahren, dass diejenigen, die in unserer Welt das Geschehen diktieren, im ablaufenden Jahr 930 Milliarden Dollar für die Rüstung ausgegeben haben. Das sind 1,8 Millionen pro Minute. Man stelle sich vor, wie tüchtig die Menschheit geworden ist! Allein ein einziges amerikanisches „Trident" U-boot, bestückt mit 24 Nuklearraketen, besitzt das Achtfache der Zerstörungskräfte aller im Zweiten Weltkrieg eingesetzten Bomben und Granaten. Dabei wird der Hungertod von Tausenden tagtäglich in Kauf genommen. Wie ist eine solche Horrorwelt noch zu verantworten?

1987 hingegen ist für mich ein schönes, ein wichtiges Jahr. Aus der sehr erfolgreichen Aktion Chiles Kinder des Bettemburger Jugendchors entsteht die ONG Chiles Kinder.

1989

Michail Gorbatschow, Generalsekretär des Zentralkomitees der Kommunistischen Partei der Sowjetunion verkündet, dass sich sein Land für Reformen öffnet. Bald konkretisiert sich in einigen Ländern des Ostblocks die Sehnsucht der Menschen nach Freiheit:

Polen steht an der Schwelle zur Wiedergewinnung der Freiheit. In Ungarn verzichtet die Sozialistische Arbeiterpartei auf ihre alleinige Führung und garantiert ein Mehrparteiensystem.

In der DDR, in der Leipziger Nikolaikirche, versammeln sich montags Hunderte von Menschen zum Friedensgebet. Nach dem Gottesdienst demonstrieren sie. Sie rufen: Freiheit, Gleichheit, Brüderlichkeit. Sie singen: *We shall overcome*. Am 25. September gehen 5000 Bürger auf die Straße.

Die gewaltlosen Demonstrationen beschleunigen den Zusammenbruch des real existierenden Sozialismus der Deutschen Demokratischen Republik. In der Nacht vom 9. zum 10. November 1989 lässt die Staatsführung Tausende von Ost-Berlinern in den Westen strömen. Die Berliner Mauer ist gefallen. Diese historische Stunde inspiriert Klaus Meine, den Sänger der Scorpions, zu folgender auch heute noch beliebten *Hymne an die Wende*:

WIND OF CHANGE
„I follow the Moskva/Ich folge der Moskva
Down the Gorky Parc/Bis hinunter zum Gorky Park
Listening to the wind of change/Während ich dem Wind der Veränderung zuhöre.
An August Summer night/Eine Sommernacht im August
Soldiers passing by/Soldaten laufen vorbei
Listening to the wind of change /Während ich dem Wind der Veränderung zuhöre.
Take me to the magic of he moment/Bring mich zur Magie des Augenblicks
On a glory night/In einer ruhmreichen Nacht
Where the children of tomorrow dream away/Wo die Kinder von morgen ihre Träume mit dir und mir teilen."

Ende des 20. Jahrhunderts: Der Wind der Veränderung weht über unser Alltagsleben. Die Technik und viele unserer Lebensbereiche erleben eine neue industrielle Revolution. Das Internet macht es möglich, mit der ganzen Welt in Verbindung zu sein oder unser Anliegen überall bekannt zu machen.

AUTOREN

OSWALD VON NELL-BREUNING (1890-1991)

Oswald von Nell-Breuning, Sohn eines Weingutbesitzers, ist genau wie Karl Marx in Trier geboren und hat dasselbe Gymnasium besucht. Er tritt mit 21 Jahren in den Jesuitenorden ein, studiert Sozialwissenschaft, Philosophie und Theologie. Zehn Jahre später wird er zum Priester geweiht. An der 1931 publizierten Sozialenzyklika *Quadragesimo anno* hat er maßgeblich mitgewirkt. Während die Nazis Europa knechten, bekommt er Schreib- und Publikationsverbot. Seine Schriften über Wirtschaft und Gesellschaft erregen nach dem Zweiten Weltkrieg nicht nur in Kirchenkreisen Aufsehen.

Der Trierer Professor setzt sich mit dem Marxismus auseinander. Er ist den Arbeiterverbänden sehr nahe und fordert sogar eine Einheitsgewerkschaft. Als Redner und Berater ist er in der Bundesrepublik sehr geschätzt. Das *Godesberger Programm*, d.h. das Grundsatzprogramm der SPD von 1959-1989 mit der Überschrift *Abschied vom Marxismus*, trägt auch seine Handschrift. Er nennt diese Abhandlung ein „knapp gefasstes Kompendium der katholischen Soziallehre."

Damit trägt Nell-Breuning zum Brückenschlag der SPD zu den christlichen Kirchen bei. Die Partei sollte die Religion fortan nicht nur als Privatsache ansehen.

Über 1800 Veröffentlichungen stammen aus seiner Feder. An seinem 100. Geburtstag gesteht der parteilose Sozialethiker: „Ich habe mein ganzes Leben versucht, das Unrecht wett zu machen, das die Kirche den Arbeitern angetan hat." Er rät uns, die Welt herzhaft anzupacken. Wenn nötig, sollten wir „sie verändern, umkrempeln und vom Kopf auf die Füße stellen – insofern stimmt die Lehre Christi mit derjenigen von Karl Marx überein."[73]

Nell-Breunings Nachfolger FRIEDHELM HENGSBACH, Jahrgang 1937, gehört zu den führenden Sozialethikern in Deutschland. Der nimmermüde Jesuit, Kämpfer für Gerechtigkeit, übt gerne Kritik am verkrusteten Denken in Kirche und Staat. Er stellt fest, dass die Mächtigen in der Kirche den Schulterschluss mit den Mächtigen in Staat und Wirtschaft suchen. So bleibe man gerne unter sich. Am

Arbeitsmarkt handele die Kirche zudem wie die Industrie und verstoße gegen das gemeinsame Wort der Kirchen.

WALTER DIRKS (1901-1991)

Walter Dirks wächst im Ruhrpott in einer verarmten Familie auf, studiert Theologie und tritt der katholischen Jugendbewegung Quickborn bei. Hier erfährt er, dass Katholizismus und Sozialismus zusammen gedacht werden können, was ihn anspornt, sich mit den Werken von Wilhelm Hohoff und Karl Marx auseinander zu setzen.

Nach dem Zweiten Weltkrieg gehört er mit dem Politologen Eugen Kogon zu den Gründern der CDU in Frankfurt und der wichtigen Kulturzeitschrift *Frankfurter Hefte*. Dirks hofft, in seiner Partei das Christentum mit dem Sozialismus zu verschmelzen. Da diese Vision sich nicht durchsetzen lässt, zieht er sich aus der CDU zurück.

Die Ära von Konrad Adenauer (1949-1963), dem ersten Bundeskanzler Westdeutschlands, macht ihm zu schaffen. Auch hat er Probleme mit seiner Kirche. Er lehnt sich dagegen auf, wenn Pfarrer, in den 60er und 70er Jahren, von den Kanzeln herab predigen, Sozialismus bzw. Sozialdemokratie seien mit der Lehre Christi nicht zu vereinbaren. In seinem Bensberger Kreis, der Denkfabrik des Linkskatholizismus in der BRD, werden Themen wie Vietnam-Krieg, Sexualität, Friedens- und Rüstungspolitik sowie Beziehung zwischen Christen und Sozialisten behandelt. Der "linke Spinner" wird mit hohen Auszeichnungen geehrt. Sein Freund Kogon gehört zu den intellektuellen Vätern der BRD und der europäischen Integration.

VICTOR FRANKL (1905-1997)

Victor Frankl wird als Sohn einer jüdischen Beamtenfamilie in Wien geboren. Als Student der Medizin und Psychologie bekommt er persönlich Kontakt zu Sigmund Freud und Alfred Adler, den Begründern der Psychoanalyse bzw. der Individualpsychologie. Er wird Präsident der Sozialistischen Mittelschüler Österreichs und organisiert Jugendberatungsstellen in Wien. Als Oberarzt des Psychiatrischen Krankenhauses in Wien betreut er während vier Jahren bis zu 3000 selbstmordgefährdete Frauen jährlich. Nach dem Anschluss Österreichs an Deutschland wird ihm, dem Juden, verboten arische Patienten zu behandeln. Nur seinen Glaubensgenossen darf er noch beistehen, bevor er im September 1942 mit seiner Familie ins Ghetto Theresienstadt deportiert wird. Von dort aus werden seine Eltern, sein Bruder und seine Frau in verschiedene Konzentrationslager gebracht, wo sie grausam zugrunde gehen. Ende April 1945 wird er in Türkheim, einem Außenlager des KZ Dachau , von der US-Armee befreit. Was er in Hitlers Hölle erlebt hat, veröffenlicht er 1946 in „...trotzdem Ja zum Leben sagen. Ein Psychologe erlebt das Konzentrationslager." Seine absolut lesenswerte Schrift erscheint zuerst in englischer Sprache. Mit seinem ergreifenden Bekenntnis will er nicht Mitleid erregen oder Anklage erheben, sondern den Menschen Kraft zum Leben geben.

1945 nimmt er seine Lehrtätigkeit in Neurologie und Psychiatrie wieder auf, zuerst in Wien, aber auch an verschiedenen amerikanischen Universitäten und auf Vortragsreisen, die ihn nach Australien, Asien und Afrika führen.

„Es gibt nur zwei Rassen," schreibt Victor Frankl in seinem Bestseller, „die Rasse der anständigen Menschen und die Rasse der unanständigen Menschen. Gerade deshalb, weil wir wissen, dass die Anständigen in der Minorität sind, ist jeder einzelne aufgerufen, diese Minorität zu stärken und zu stützen."[74]

Frankl hat insgesamt 40 Bücher publiziert, davon sind viele übersetzt worden.

HELMUT GOLLWITZER (1908-1993)

Hellmut Gollwitzer stammt aus einem lutherischen Pfarrhaus. Als Schüler von Karl Barth engagiert er sich in der Bekennenden Kirche, jener Minderheit von evangelischen Christen, die sich im Nationalsozialismus von der Reichskirche löste und kirchlichen Widerstand leistete. Nach der Verhaftung von Martin Niemöller übernimmt er dessen Pfarrstelle in Berlin-Dahlem. Dort verhilft er den vom Nazi-Regime verfolgten Juden zur Flucht bzw. zur Ausreise. Er pflegt Kontakt zu Widerständlern in der Wehrmacht, was ihm mehrere Verhaftungen und ein Redeverbot einbringt. Als Sanitäter an der Ostfront gerät er in sowjetische Kriegsgefangenschaft. Er lernt die Grausamkeit der Arbeits- und Umerziehungslager kennen, überlebt sie und schreibt nieder, was er mitgemacht hat. Daraus entsteht ein

Buch mit dem Titel „ *...und führen wohin Du nicht willst.*"[75] Dieses Zeitdokument, ein Bestseller, wird in mehrere Sprachen übersetzt.

Nach dem Krieg übernimmt er einen Lehrstuhl für Systematische Theologie an der Universität Bonn. Dann doziert er an der Freien Universität Berlin bis zu seiner Emeritierung im Jahr 1975. Bestens in Erinnerung ist sein Engagement gegen die deutsche Wiederaufrüstung, vor allem gegen die Atombewaffnung der Bundeswehr im Rahmen der Nato. Durch den Dialog mit der 68er Studentenbewegung wird aus ihm ein starker Antikapitalist. Gollwitzers Vorlesungen an den Unis sind des Öfteren Massenveranstaltungen. Er macht sich einen Namen durch die Förderung des Dialogs zwischen Juden und Christen. Er zögert nicht, die Grabreden von Ulrike Meinhof und Rudi Dutschke zu halten. Den Empörten antwortet er: „Der Tod pflichtet zur Versöhnung."

Sein Credo: Die Freiheit, die uns Gottes Gnade schenkt, besteht nicht im Festhalten an Privilegien, sondern im Dienst an und im Teilen mit den Armen. So heißt Glaube Mitarbeit an „der Humanisierung der menschlichen Gesellschaft auf das Reich Gottes, der wirklich menschlichen Gesellschaft hin." Und „Sozialisten können Christen, Christen müssen Sozialisten sein."

LUISE RINSER (1911-2002)

Luise Rinser, Tochter eines Erziehers aus Oberbayern, tritt in die Fußstapfen ihres Vaters und wird Volksschullehrerin. Ab 1935 macht sie sich als Aushilfslehrerin nützlich, fängt auch an zu schreiben teils pro, teils contra Hitler. Sie erhält Publikationsverbot und wird verhaftet.

Rinser veröffentlicht enorm viel. Sie mischt sich in die politische und gesellschaftliche Diskussion in der Bundesrepublik ein und nimmt als akkreditierte Journalistin am Zweiten Vatikanischen Konzil teil. Sie gilt als eine der exponiertesten Vertreterinnen des Linkskatholizismus. Ihre Konferenzen bewegen die Massen. Nach 1972 bereist sie die Welt, hält sich sowohl in den USA als auch in der Sowjetunion, in Südkorea und Nordkorea auf. Sie bezeichnet Irans Revolutionsführer Ajatollah Chomeini als „leuchtendes Vorbild für die Länder der Dritten Welt."

1984 ist sie Kandidatin der Grünen für die Wahl des Bundespräsidenten, kann sich aber nicht gegen Richard von Weizsäcker durchsetzen.

Im November 1986 hält sie in Luxemburg ein vielbeachtetes Referat[76] zum Thema Frieden. Vier Minister, zahlreiche Abgeordnete, der Kammerpräsident, Diplomaten, Professoren und Hunderte von Studenten geben ihr die Ehre. In ihrem Vortrag geißelt sie in harten Worten u.a. die Rüstungspolitik und die Atomindustrie. Sie macht ihrem Ärger Luft, weil sie vor kurzem im Freistaat Bayern, in christlichen Kirchen, Redeverbot erhalten hat. Sie zieht eine Parallele zu Jesus von Nazareth. „(Dieser Jesus) war ein höchst unbequemer Staatsbürger. Darum verbot man ihm seine Reden gegen die Mächtigen, die ihre Macht missbrauchten. Man verbot sie ihm gründlich: man brachte ihn um."

Kurz vor dem Fall der Berliner Mauer im November 1989 schreibt Luise Rinser in der *ZEIT* Nr. 39 ein bemerkenswertes Zeugnis über den Sozialismus. In ihrer Abhandlung *Der Sozialismus beginnt erst* erklärt sie, dass für sie diese Lehre folgendes bedeute: Loslösung vom Nationalismus und Rassismus, vom Klassenkampf, vom Egoismus und vom Besitzdenken, vom Konkurrenzdenken, vom dogmatischen Fanatismus, von Hass und Neid, sowie von jeder Form von Gewalt. Der Sozialismus sei nicht am Ende, betont sie, er stehe erst am Anfang.

Sozialismus und Christentum müssten wir erst erkennen lernen.

Von ihrem sehr bewegten privaten Leben behalten wir zurück, dass sie in vierter Ehe mit dem Komponisten Carl Orff verheiratet und viel später mit dem bedeutenden katholischen Theologen Karl Rahner freundschaftlich verbunden war.

Gerne lese ich in den Schriften der linken Christin, habe manche ihrer Gedanken aufgeschrieben, zwecks späterer Verwendung.

Ich möchte Ihnen eine ihrer wegweisenden Überlegungen nicht vorenthalten: „Wer meint, das Reich Gottes komme irgendwann einmal, der, der vergisst, dass er selbst es hier und jetzt verwirklichen, indem er selbst Gerechtigkeit, Friede und Liebe *lebt*. Der Sinn des Lebens ist das Gehen des Weges, der zugleich Ziel ist. (…) Der Sinn des Lebens liegt in der Liebe, die man lebt."[77]

An Ostern 1985 jubiliert sie: „Es gibt keinen Tod, es gibt keine Toten, Gott ist kein Gott der Toten, sondern der Lebenden, alles ist Leben!"[78]

HEINRICH BÖLL (1917-1985)

Als eines von sechs Kindern erlebt Heinrich Böll in der Zeit nach dem Ersten Weltkrieg die wirtschaftliche Not am eigenen Leibe. Doch er kommt durch und versucht die Welt mit kritischem Blick zu durchschauen. Konservative christlich-soziale Politiker bezeichnen ihn als Sympathisanten, ja als Ziehvater des in Deutschland wütenden Terrorismus der Baader-Meinhof Gruppe.

Böll gehört zu den bedeutendsten deutschen Schriftstellern der Nachkriegszeit. 1972 wird er mit dem Nobelpreis der Literatur aus-gezeichnet.

Mit seinem Roman *Und sagte kein einziges Wort*,[79] für den er manche Literaturpreise bekommt, beginnt sein stets wachsender Einfluss auf das öffentliche Leben in Westdeutschland. Sein christlicher Pazifismus zeigt sich in der Teilnahme an Protesten gegen das Wettrüsten z.B. in Mutlangen. Mit der katholischen Amtskirche hat er ständig Probleme. 1976 kehrt er ihr demonstrativ den Rücken, zusammen mit seiner Frau. Deswegen sei er aber nicht „vom Glauben abgefallen" gesteht er und ergänzt, dass er selbst die allerschlechteste christliche Welt der besten heidnischen vorziehen würde, weil es in einer christlichen Welt Raum gebe für die, denen keine heidnische Welt je Raum gab: für Krüppel und Kranke, Alte und Schwache.

GIULIO GIRARDI (1926-2012)

Giulio Girardi wird als der Sohn eines Italieners und einer Libanesin in Kairo geboren. Schon mit fünfzehn tritt er in den Orden der Salesianer ein. Nach beendetem Studium wird er 1955 zum Priester geweiht und lehrt an den Hochschulen von Turin und Rom. Er nimmt als Experte am Zweiten Vatikanischen Konzil teil (1962-1965) und berät dort den österreichischen Kardinal Franz König in Sachen Christen und Nichtglaubende. Er gibt sich intensiv mit dem Atheismus und dem internationalen Dialog zwischen Christentum und Marxismus ab. Zu diesem Thema veröffentlicht er 1968 das Buch *Christentum und Marxismus, warum?*[80] Dem folgen weitere wichtige Schriften:

Glaubende und Nicht-Glaubende für eine Neue Welt und *Christentum, menschliche Befreiung, Klassenkampf.*

Girardi nähert sich stark dem Marxismus. Er kommt deshalb in Konflikt sowohl mit seinem Orden als auch mit dem Vatikan, dergestalt, dass er 1977 aus der Gemeinschaft der Salesianer ausgeschlossen und seiner priesterlichen Funktionen enthoben wird. Dagegen protestieren die Teilnehmer des in Innsbruck versammelten Kongresses Christen und Sozialisten für eine neue Gesellschaft. Sie hoffen, dass es künftig Menschen wie Girardi möglich werde, ihren Einsatz für die Gesellschaft zu leisten, ohne selbst Opfer der Unterdrückung zu werden.

Nach 1980 hält er sich viel in Zentral- und Südamerika auf. Er besucht Nicaragua nach der sandinistischen Revolution, ist auch kulturell tätig im Cuba von Fidel Castro und engagiert sich in Kooperationsprojekten zugunsten indigener Bevölkerungsgruppen in Mexiko, Ecuador und Bolivien. Auch besucht der Befreiungstheologe Brasilien, wo er den Kontakt zu Basisgemeinden und der Bewegung der Landlosen hält.

DOROTHEE SÖLLE (1929-2003)

Dorothee Sölle, gebürtige Kölnerin, gehört zweifellos zu den bedeutendsten alternativen evangelischen Theologinnen und Schriftstellerinnen der Nachkriegsgeneration. Sie hat viel geschrieben über politische und feministische Theologie, über die Theologie der Befreiung und die Mystik. Ihre Texte weisen sowohl politische Radikalität wie spirituelle Tiefe auf. Wichtige Lebenserfahrungen macht sie auf ihren Reisen nach Nordvietnam und Nicaragua. Sie nimmt teil an der Friedensbewegung der 1980er Jahre und wirkt in zahlreichen kirchlich linken und ökumenischen Organisationen mit. Sie ist auch Mitbegründerin des Politischen Nachtgebets[81] von 1968-1972 in Köln.

Ihren Erfahrungen zufolge ist der partizipative Sozialismus die Staatsform schlechthin. Sie freut sich über den historisch notwendigen Untergang des autoritären, undemokratischen, die Menschenrechte unerträglich verhöhnenden Kommunismus oder Staatssozialismus, ist aber der festen Meinung, dass der Sozialismus als Ideal einer solidarischen Gesellschaft dringend gebraucht wird.

Als wir vom Bettemburger Jugendchor sie 1993 um einen Beitrag für unsere Festbroschüre *Ein Versuch christlich zu leben* fragen, schickt sie uns spontan einen Artikel über *Unser tägliches Brot*. Sie schreibt, Gott sei geteiltes Brot. Die Erde habe heute noch genug Brot für alle Kinder. Und das Menschenrecht zu essen, satt zu werden, gehöre zu den Grundrechten. An der Verletzung dieses Menschenrechtes seien alle reichen Staaten heute beteiligt. (...) Drei Viertel aller Länder lebten unter der Marktwirtschaft. In neun von zehn dieser Staaten werde gehungert und verhungert. Den Markt interessiere das nicht, weil er danach frage, was die Menschen anzubieten haben und wonach Nachfrage bestehe. Gott aber frage nach den Bedürfnissen der Menschen, nach ihrem Hunger.

Und Gottes Sohn, Jesus von Nazareth? Er ist der Freund der Außenseiter der damaligen Gesellschaft. Darunter gibt es viele, die nach dem täglichen Brot schreien. Für Sölle ist Er „ein Mensch, der seine Umgebung mit Glück ansteckte, der seine Kraft weitergab, der verschenkte, was er hatte." Sie hält ihn für den glücklichsten Menschen, der je gelebt hat. 1978 hält sich die deutsche Schriftstellerin in Santiago de Chile auf. Sie erlebt die Diktatur der Militärjunta. Sie besucht auch Penas d.h. Veranstaltungen des kulturellen Widerstandes. Sie bringt von einer dieser Feiern folgendes Lied[82] mit, ein Lied von der Liebe „aber nicht nur von Ich und Du:

> Lieben - mit dem Gesicht zur Sonne, ohne sich zu verstecken
>
> Lieben - jeden Augenblick sein Leben geben
>
> Lieben – keine Maske tragen, das Gesicht zeigen
>
> Lieben – sich aufs Spiel setzen für sein Volk
>
> Ich kann nicht leben, ohne zu lieben."

FERDINAND TROXLER (1929-)

Ferdinand Troxler, Jahrgang 1929, verbringt zusammen mit vier Geschwistern, eine unbeschwerte Kindheit in Schlierbach, einem Dorf nahe Luzern. Doch Bauer wird er trotzdem nicht. Er zieht es vor, nach der Schulpflicht, im Bankwesen zu arbeiten, stellt aber bald fest, dass er ein gespaltenes Verhältnis zur Börsenwelt hat. Troxler distanziert sich von der Finanzwelt und beschließt, Priester zu werden. In seiner Ausbildung lernt er bei Paris Abbé Pierre und linksorientierte Arbeiterpriester kennen. Auch der bedeutende Publizist Emmanuel Mounier hat einen großen Einfluss auf Troxlers geistige Entwicklung. Dieser unterbricht sein Theologiestudium, studiert dann Ökonomie und Sozialwissenschaften, was ihn zum Handelslehrer und Sekretär, zuerst im Konsumentenschutz, dann im Schweizer Gewerkschaftsbund SGB befähigt. Er wird Mitglied der Sozialdemokratischen Partei und der Bewegung für den Religiösen Sozialismus. 2013 hat er dazu ein bemerkenswertes Buch herausgegeben mit dem Titel *Christentum und Sozialismus.*[83]

In diesem gesellschaftlichen Brückenschlag erklärt er, ein authentischer Sozialismus müsse, wie bereits der französische Priester Bernard Joinet niedergeschrieben habe, das Allgemeinwohl, das Wohlergehen aller Menschen in den Mittelpunkt stellen. Auch das Individuum in seiner Einmaligkeit sei zu respektieren und seine schöpferischen Fähigkeiten müssten gefördert werden. Auf diesen Prämissen basiere Gesellschaftspolitik. So können sich Christen/Christinnen und Sozialisten/Sozialistinnen, auch unterschiedlicher Weltanschauung, politisch die Hand reichen im gegenseitigen Respekt und im solidarischen Kampf.

NORBERT GREINACHER (1931-)

Norbert Greinacher 1931, geboren 1931 in Freiburg/Breisgau, fühlt sich zum katholischen Priester berufen. Als Dozent an der Universität Tübingen lenkt er die Aufmerksamkeit auf sich durch sein Engagement für die lateinamerikanische Theologie der Befreiung und seine Mitgliedschaft in der SPD.

1992 werden weltweit Veranstaltungen zur Erinnerung an fünfhundert Jahre Conquista gefeiert. Die Gesellschaftspolitische Arbeitsgruppe (GAG) der Luxemburger Erwachsenenbildung, in der ich auch heute noch Mitglied bin, lädt ihn ein, um über dieses Trauerspiel in der Geschichte des Westens zu reden. Greinacher macht einen Rückblick auf fünfhundert Jahre Unterdrückung des amerikanischen Kontinents und fünfhundert Jahre indianischer Widerstand. 70 Millionen Eingeborene sind bei dieser Eroberung ums Leben gekommen. Fürwahr kein Ruhmesblatt in der Geschichte des Westens!

Angesichts der weltweiten Probleme fordert Greinacher seit Jahren eine neue Ethik, in der sich Atheisten, Christen, Juden, Muslime usw. wiederfinden. Auch setzt er sich für die Demokratie innerhalb der Kirche ein. Er ist Herausgeber mehrerer Bücher[84] u.a. *Die Kirche der Armen* und *Von der Wirklichkeit zur Utopie*.

HUUB OOSTERHUIS (1933-)

Huub Oosterhuis wird 1933 in Amsterdam geboren. Er studiert bei den Jesuiten, empfängt die Priesterweihe und wird katholischer Studentenpfarrer.

1970 heiratet er. Es kommt zum Bruch mit der katholischen Kirche. Oosterhuis gibt sich fortan ganz einer ökumenischen Studentengemeinde hin. In Amsterdam im Haus der „Neuen Liebe" treffen sich Jugendliche verschiedener Konfessionen. Dort stehen die Weisungen der Bibel im Mittelpunkt. Etwa 20 solcher Häuser gibt es es inzwischen in den Niederlanden.

Der niederländische Theologe hat viele „tastende und suchende" Gedichte geschrieben[85] die auch vertont wurden. Der streitbare Christ ist Mitglied der Sozialistischen Partei.

JEAN ZIEGLER (1934-)

Jean Ziegler[86] wird 1934 als Sohn eines protestantischen Amtsrichters in Thun/Schweiz geboren. Er studiert Rechtswissenschaft und wird bei der UNO angestellt. Kurz nach der Ermordung von Patrice Lumumba, dem ersten Premierminister des unabhängigen Kongo, im Jahr 1961, begibt er sich auf eine zweijährige Afrika-Mission. Er erlebt dort unermessliches Elend, so dass er seine Lebensauffassung radikal ändert. Fortan ist er ein Wutbürger. Er tanzt gerne aus der Reihe und bringt unbequeme Wahrheiten ans Licht, ob als sozialistischer Nationalrat im Schweizer Parlament, Professor der Soziologie an der Uni Genf und an der Pariser Sorbonne oder UNO-Sonderberichterstatter für das Recht auf Nahrung. Seine massive Kritik an zwielichtigen Personen des öffentlichen Lebens und Institutionen bringen ihm Prozesse ein und treiben ihn in den wirtschaftlichen Ruin.

Es muss Anfang der 80er Jahre gewesen sein, als Jean Ziegler in Luxemburg eine Konferenz hält. Dritte-Welt Engagierte, auch mich, begeistert er total. Ich erinnere mich, dass er von verlogenen Politikern geredet hat, die zum Hampelmann der multinationalen Konzerne werden. Ziegler ist so manchen Verantwortlichen ein Dorn im Auge, aber er hat mit seinen radikalen Einsichten die Welt doch weiter gebracht auf dem Weg zu mehr Humanität. Seine Überlegungen über den Zustand der Welt hat er immer wieder niedergeschrieben, in den letzten 13 Jahren in neun Büchern.

Der Schweizer Soziologe hält viel von Jesus von Nazareth. Für ihn ist „das *Evangelium* der revolutionärste Text, den es gibt." Wie sähe die Welt aus, wenn die Christen das Evangelium leben würden? Wenn die Christen das Evangelium nachlesen würden: „Ich war hungrig und ihr habt mir zu essen gegeben, ich war durstig, und ihr habt mir zu trinken gegeben.(…) Was ihr einem meiner geringsten Brüder getan habt, das habt ihr mir getan."

Entscheidend sei, so Ziegler, ob wir es getan hätten oder nicht. Für ihn sei klar, dass die Geschichte einen Sinn und ein Ziel habe, und das sei die Menschwerdung des Menschen.

Eigentlich dürfte es keinen Hunger mehr geben. Denn es wird genug Nahrung produziert. Aber der Zugang dazu ist das Problem. „Ein Kind, das an Hunger stirbt, wird ermordet," klagt der Schweizer an.

Ziegler sagt von sich, er sei ein Kommunist, für den es einen Gott gibt. Er, der sich zeitlebens gegen Ungerechtigkeiten eingesetzt hat, glaubt an die Auferstehung. Wie dies geschehe, könne man nicht wissen, aber die Zeichen der göttlichen Liebe seien in seinem Leben unglaublich evident, so dass er überzeugt sei, dass er von Gott erwartet werde.

PETER BICHSEL (1935-)

Peter Bichsel[87] wird 1935 in Luzern als Sohn eines Handwerkers geboren. Er fühlt sich zum Grundschullehrer berufen und übt diesen Beruf bis 1968 aus. Weit über die Schweiz hinaus wird er bekannt als Volksschriftsteller, Dichter und Kolumnist. 38 Jahre lang ist er Mitglied der Sozialdemokratischen Partei. Er bekennt sich zum Christentum. Er hält diese Lehre für eine wirkliche und politische Kraft. Sie habe auch im Positiven etwas bewirkt, Revolutionäre hätten sich am Christentum orientiert. Es sei falsch, das Christentum auf Moral und Ethik zu reduzieren d.h. - eine Stufe tiefer – auf Anständigkeit. Damit werde diese Lehre zum konservativen Element der Politik. Ein wirklicher Christ sei aber mehr als ein anständiger Bürger. Bichsel hat das „Unanständige" gewagt. Er liest die Bibel und wird ein anderer, was eben jeder Christ sein sollte.

Ob es die christliche Tradition gewesen sei, die ihn zum Sozialisten gemacht habe, fragt sich der Schweizer Schriftsteller. Zwar sei die Kirche konservativ, aber es gelinge ihr nicht, so konservativ zu sein, wie sie sein möchte. „Sie mag vielleicht nicht sehr christlich sein, aber der Verrat an Christus gelingt ihr nicht." schreibt der schelmische Schweizer.

JOSY BRAUN (1938-2012)

Josy Braun,[88] geboren in Biwer/Luxemburg, besucht das Lyzeum der Herz-Jesu Patres in Clairefontaine, um dann als Angestellter in einer Fabrik seiner Heimatgemeinde sein Brot zu verdienen. Später zieht er nach Bettemburg um, wo er mit seiner Familie wohnt. Hier lerne ich ihn kennen. Braun ist bekannt als Mitglied der lokalen Sektion der Christlich Sozialen Volkspartei, als Lektor im Samstagabend-Gottesdienst und als Gründer des Theater- und Kabarett-Ensembles Les Amis de la Scène (1963). Von 1960-1972 ist er Sekretär der Christlichen Gewerkschaft LCGB und schreibt für das *Wort*, Luxemburgs größte Tageszeitung. Wie Jakob Kaiser und Nell Breuning in Deutschland, plädiert er dafür, aus den zwei führenden Gewerkschaften eine einzige zu machen. Dies wird ihm zum Problem. Daraufhin verlässt er den LCGB und wechselt zum *Tageblatt*, der Zeitung der Sozialisten. Dort ist er hauptsächlich für das Lokale verantwortlich und beleuchtet in scharfen Worten das Geschehen in der Kirche. Als die vom Bettemburger Jugendchor herausgegebene Zeitschrift *Public* zusammen mit Patrick Godars[89] Bewegung Jugend Deelt (Jugend Teilt) zum ersten Mal in Luxemburg eine Woche über die Probleme der Dritten bzw. Vierten Welt, Ende September 1982, organisiert, sagt Braun spontan zu, an einem Leseabend aus seinem Werk vorzulesen.

Nach seinem Eintritt in den Ruhestand widmet er sich ganz dem Buch, dem Theater für Erwachsene und Kinder sowie dem Kabarett. Ihm gebührt auch das Verdienst, sich um die Schreibweise des Luxemburgischen bemüht zu haben und unsere Sprache immer populärer zu machen. Er hat *Le Petit Prince* von Saint-Exupéry ins

Luxemburgische übersetzt. Der Bettemburger Schriftsteller war zeitlebens ein kritischer Mensch. Mit seinen sozialengagierten Texten hält er der Luxemburger Gesellschaft den Spiegel vor. Er schreibt aber auch gerne über zwischenmenschliche Beziehungen und die humanistischen Ideale.

PAUL SCHOBEL (1939-)

Paul Schobel[90] wird 1939 als Sohn eines Waldarbeiters in Rottweil geboren. Er wächst in einfachen, ländlichen Verhältnissen auf. Er fühlt sich zum Priester berufen. In seinen Vikarsjahren lernt er die knallharte Wirklichkeit der Arbeitswelt kennen. Er begleitet als Jugendpfarrer die christliche Arbeiterjugend, arbeitet in kleinen Firmen aber auch bei Daimler am Fließband, ist Mitbegründer des Arbeiter- und Arbeitslosenzentrums in Böblingen und übernimmt 1992 die Leitung der Betriebsseelsorge in der Diözese Rottenburg-Rottweil. So erfährt er, wie politisch die Botschaft Jesu ist und wie sehr Glaube und Politik zusammengehören. Schobel wird von seiner Kirche lange nicht anerkannt. Erst seit März 2013, als Jorge Mario Bergoglio zum Oberhaupt der Katholiken ernannt wird, fühlt er sich in seiner Kirche zuhause. Er weiß sogar den Papst auf seiner Seite. Er kämpft für menschenwürdige Arbeit, gegen die Benachteiligung von Frauen, für die gerechte Behandlung von Leiharbeitern, die trotz gleicher Arbeitszeit weniger verdienen als die Stammbeschäftigten. Er kritisiert die trickreichen Praktiken mit Subunternehmen. Er fragt den Kunden, ob er sich bewusst sei, was es bedeuten kann, wenn eine Ware immer billiger wird und wer darunter zu leiden habe. Papst Franziskus spricht ihm aus dem Herzen, wenn er unsere Wirtschaft, „die tötet", anklagt. Dass vollbeschäftigte Arbeiter nicht genug verdienen, um ihre Familie zu ernähren, ist heutzutage nun wirklich nicht die Ausnahme. Ob es normal sei, dass Menschen einen Zweit- oder Drittjob brauchen, um über die Runden zu kommen? Ob unter diesen Umständen ein normales Familienleben funktionieren könne? Ob vielen von ihnen, selbst nach einem langen Arbeitsleben, Armut drohe? Dies sei ein gefährlicher, nicht tragbarer Zustand für die Zukunft unserer Demokratie, schlussfolgert Schobel. Eine Million Beschäftigte sind heute Leiharbeiter. „Fabriken sind heute Industrieparks," meint Paul Schobel, „und der Arbeiter von heute ist schlicht nur noch Manövriermasse." Auf die Frage, warum er sich auch noch 2016 mit Leidenschaft an dem traditionellem Ostermarsch beteiligt habe, erklärt er, dass der Krieg endlich in die Rumpelkummer der Geschichte gehöre, der Krieg, der Millionen von Menschen in die Flucht treibe. In der Tat: 2015 sind mehr als eine Million Menschen vor den Kriegen in Syrien, im Afghanistan und dem Irak nach Europa geflüchtet. Hinzu kommen viele Armutsflüchtlinge aus Afrika.

MICHAEL RAMMINGER (1960-)

Michael Ramminger, Jahrgang 1960, studiert katholische Theologie und promoviert bei Johann Baptist Metz in Münster. Er ist seit 1980 Mitglied der bundesdeutschen Bewegung Christen für den Sozialismus. Mitte der 80er Jahre war er, wie ich, Mitglied der Chile-Solidaritätsbewegung, zugleich Mitarbeiter der auch in Luxemburg bekannten Zeitschrift *Solidaridad*–Berichte und Analysen aus Chile. 1992 ist er Mitbegründer des Institutes für Theologie und Politik[91] in Münster, das vielfältige Treffen mit folgenden BefreiungstheologInnen organisiert: Carlos Mesters, Franz Hinkelhammert, Jon Sobrino, Fernando Castillo, Nancy Cardoso, Alberto Moreiro und Kuno Füssel.

Ramminger besucht regelmäßig Lateinamerika, insbesondere Chile und Brasilien, wo er an der Päpstlichen Universität Goiana eine Gastprofessur im Forschungsbereich Religion und Globalisierung innehatte. Er versteht sich zudem als Aktivist der Anti-Globalisierungsbewegung. Er nimmt an den Weltsozialforen teil, 1999 am sogenannten „Beratungstreffen" in der BRD, das 2004 in die Gründung der Interventionistischen Linken (IL) führt. Die IL ist ein deutschsprachiger Zusammenschluss unterschiedlicher antikapitalistischer Gruppen, die u.a. 2007 die Proteste gegen das G8-Treffen in Heiligendamm, die Aktionen Dresden Nazifrei 2011 oder die Proteste gegen die Austeritätspolitik insbesondere gegen Griechenland unter dem Titel „blockupy" organisiert. Diese Aktionen basieren auf dem Prinzip zivilen Ungehorsams und massenhafter Blockaden. Er bringt die damit zusammenhängenden Themen wie „Legalität und Legitimität", politische Theologie und Menschenrechtspolitik über Vorträge, Veröffentlichungen und Organisierungsversuche auch immer wieder in kirchliche und christliche Zusammenhänge ein. Er arbeitet an der seit den neunziger Jahren zerbrochenen Allianz von christlichen Gruppen und sozialen Bewegungen. Das in letzten Jahren zunehmende Themenfeld ist: Flucht, Migration, Bleiberecht und Kirchenasyl. Auch bringt er sich ein im Arbeitskreis Weltanschaulicher Dialog der Rosa Luxemburg Stiftung.

Michael Ramminger versucht, die klassische Einsicht der Befreiungstheologie in die notwendige Vermittlung von christlichem Glauben und Sozialwissenschaft mit Hilfe eines Marxismus zu aktualisieren, der sich auf Antonio Gramsci und Michel Foucault, aber auch auf Theoretiker wie Etienne Balbibar und Alain Badiou bezieht. Michael Ramminger ist Autor mehrerer Bücher, zuletzt ist er Mitherausgeber der Schriften *Tun wir nicht als sei alles in Ordnung* und *Auf den Spuren einer Kirche der Armen*.[92] Zur Zeit ist er dabei, die Geschichte der Christen für den Sozialismus in Chile zu schreiben.

TERESA FORCADES Y VILA (1966-)

Teresa Forcades[93] wird 1966 in Barcelona geboren. Sie studiert Medizin an den Universitäten von Barcelona und New York, praktiziert aber nur kurze Zeit als Ärztin. Sie fühlt sich von der Theologie angezogen und besucht die Harvard University. Anschließend sucht sie nach einem ruhigen Ort, um ihre Doktorarbeit zu beenden. Mit 31 Jahren findet sie ihn im Kloster am Berg Montserrat nahe ihrer Heimatstadt. Dort beabsichtigt sie, vier Monate in der Zelle zu bleiben, um ungestört zu schreiben. Teresa hat es im Kloster so gut gefallen, dass es auch heute noch ihr Zuhause ist.

Unter drei Dutzend Mitschwestern ist sie die einzige. die nicht dauernd in Klausur lebt. Mit Erlaubnis des Vatikans ist sie Teilzeitnonne bis 2019. Sie gibt Kurse zur Mystik einer Simone Weil oder Hildegard von Bingen, unterrichtet in feministischer Theologie oder referiert zum Thema: Die Revolution, heute.

Teresa Forcades ist davon überzeugt, dass Katholizismus und Linkspolitik überhaupt nicht widersprüchlich sind. Die Hinwendung zu den Schwachen sei genauso Aufgabe der Kirche wie der linken Politik. Die rebellische Nonne weist darauf hin, dass die Kritik an Privateigentum als absolutes Recht der Soziallehre der Kirche entspreche, wie die Linke sie formuliert. Sie wird scharf von den Konservativen kritisiert, weil sie die Gleichstellung von Homosexuellen und Frauen in der Kirche fordert. Großes Aufsehen erregt sie 2005 mit ihrem Buch über *Die Verbrechen der Pharmaindustrie.* Auf die Frage, ob die Religion überwunden sei, antwortet sie, das hätten die 68er zwar geglaubt, heute sei aber eine „sozial reflektierte Spiritualität" stärker denn je. Für Spaniens berühmteste Nonne, die fünf Sprachen spricht – darunter auch Deutsch – gehören Glaube und Linksradikalität zwingend zusammen.

POLITIKER

Im Folgenden werden Menschen vorgestellt, von denen die meisten Christen sind und als Mitglied der Sozialdemokratischen Partei Deutschlands eine wichtige Rolle in der Gesellschaft übernehmen.

GUSTAV HEINEMANN (1899-1976)

Gustav Heinemann stammt aus dem Ruhrgebiet. Schon früh ist ihm Unterwürfigkeit zuwider. Er möchte sich eine geistige Unabhängigkeit gegenüber Institutionen erkämpfen. Er wird stark vom Schweizer Theologen Karl Barth beeinflusst. Wie dieser lehnt er als Demokrat jeden Nationalismus und Antisemitismus ab. Während die braune Flut Deutschland überschwemmt, zeigt er großen Mut. Als Kirchenvorsteher seiner Evangelischen Gemeinde in Essen verurteilt er die staatlichen Übergriffe auf die Kirche. Auch berät er die vom Regime verfolgten Christen und versorgt versteckte Juden mit Lebensmitteln. Nach dem Krieg gehört er zu den Mitbegründern der CDU, wird Oberbürgermeister von Essen (1946-1949) und unter Konrad Adenauer Bundesinnenminister. Als dieser, 1950, die Wiederbewaffnung von Deutschland einführt, tritt Heinemann von seinem Posten zurück. Zwei Jahre später verlässt er die CDU und gründet die *Gesamtdeutsche Volkspartei*, um dann 1957 der SPD beizutreten. In der Großen Koalition unter Kurt Georg Kiesinger wird er Justizminister (1966-69), dann Bundespräsident (1969-74). Von Heinemann ist die Feststellung überliefert, das sogenannt Christliche gebe es nicht nur für eine bestimmte Partei. Ein Christ könne grundsätzlich jeder demokratischen Partei angehören.

ZENO SALTINI (1900-1981)

Zeno Saltini[94] wird als neuntes von zwölf Kindern einer Landbesitzerfamilie in Fossoli nahe Modena/Italien geboren. Er entwickelt sich zu einem Rebellen. Bereits mit 14 Jahren verläßt er die für ihn lebensferne Schule. Ihn interessieren die harten Realitäten der Landarbeiter seines Vaters, deren sozialistische Theorien und Arbeitskämpfe. Beim Militärdienst wird er hellhörig. Seine Kameraden werfen ihm dem Christen vor, die Kirche behindere den Fortschritt der Menschheit. Auch lebten die Gläubigen nicht nach der Lehre ihres Meisters. Dies macht ihm Sorgen.

Zeno Saltini entschließt sich, Jura und Theologie zu studieren. 1931 wird er zum Priester geweiht. Er nimmt sich fest vor, sich fortan um vergessene Kinder zu kümmern. Bei seiner Primiz nimmt er einen aus dem Gefängnis entlassenen Jungen als Sohn an, später eine Ausreißerin, die sich künftig als Mutter um die inzwischen gesammelten Waisenkinder und verwahrlosten Jungen kümmert.

Nach dem Zweiten Weltkrieg besetzen Don Zeno und seine Mitarbeiter das Konzentrationslager von Fossoli, bauen es um und gründen die autarke Gemeinschaft Nomadelfia. Dessen Grundgesetz ist das Evangelium. Dessen Antrieb soll Geschwisterlichkeit, nicht Konkurrenz und Konsum sein. Der „rote" Priester wird als Ketzer oder Kommunist von der breiten Öffentlichkeit verspottet und bekommt Anfang der 50er Jahre Probleme mit dem Vatikan. Zwölf Jahre später ist der Konflikt beigelegt. Papst Johannes Paul II. nennt Nomadelfia eine „Vorankündigung dieser künftigen Welt, zu der wir alle gerufen sind."

Das Dorf in der Toskana hat bis heute mehr als 5000 Kindern in Not ein Zuhause gegeben und sie großgezogen. So z.B. Sefora. Sie gesteht: „Wir zeigen, dass ein Leben nach dem Evangelium möglich ist."

HERBERT WEHNER (1906-1990)

Herbert Wehner wird als Sohn eines Schusters und einer Schneiderin in Dresden geboren. Schon als Jugendlicher fällt er wegen seiner radikalen politischen Ideen auf. Mit 21 wird er Mitglied der Kommunistischen Partei Deutschlands, muss nach dem Reichstagsbrand in den Untergrund, wird 1935 in Prag verhaftet und in die Sowjetunion abgeschoben. Er entgeht Stalins Terrorregime, reist 1941 ins damals neutrale Schweden, wo er kurze Zeit bis zu seiner Verhaftung den kommunistischen Widerstand gegen den Nationalsozialismus organisiert.

Nach dem Krieg kehrt er nach Deutschland zurück. In Hamburg wird er Mitglied der SPD. Hier fühlt er sich wohl und setzt sich dafür ein, dass seine neue Partei sich durch das *Godesberger Programm* vom Marxismus abwendet. Er bleibt ein aufmüpfiger Mensch, der zeitlebens etwa fünfundsiebzig offizielle Verwarnungen wegen Ordnungswidrigkeiten erhält. Heiner Geißler von der *CDU* bezeichnet ihn als „die größte parlementarische Haubitze aller Zeiten". Bei meinem Nachforschen habe ich auch eine andere Seite dieses Querulanten entdeckt. In der Tiefe seines Herzens hat sich Herbert Wehner nämlich mit dem Christentum auseinandergesetzt. In dem 1985 publizierten Buch *Christentum und demokratischer Sozialismus*[95] schreibt er über diese unbequeme Partnerschaft. Wir erfahren z.b. Interessantes über den Wahlkampf der *SPD* zum Europäischen Parlament 1979. Wehner erinnert vor dem Gesprächskreis SPD und Kirche an die geistige Verwandtschaft seiner Partei mit dem Christentum, wobei er, wie einst Kurt Schumacher, beide Kräfte für den Aufbau eines sozialen Europa in Pflicht genommen sehen will.

ABBÉ PIERRE (1912-2007)

Henri Antoine Groués wird als Sohn reicher Eltern geboren. Schon als Kind erlebt er, wie sein Vater Obdachlosen die Haare schneidet und sie mit Essen und Kleidung versorgt. Mit 19 Jahren tritt er in den Kapuzinerorden ein und verteilt sein gesamtes Erbe an die Armen. Dem strengen Klosterleben ist seine Gesundheit aber nicht gewachsen, so dass er den Orden verlässt und 1938 zum Weltpriester namens Abbé Pierre geweiht wird. Während des Zweiten Weltkrieges zeichnet er sich als Widerstandskämpfer gegen die deutsche Besatzung aus. Nach dem Krieg vertritt er ab 1945 bis 1950 als Deputierter die linksorientierte Partei MRP[96] in der Nationalversammlung. Er tut es, um die Kluft zwischen dem Christentum und den Volksbewegungen zu bekämpfen. Als seine Partei nach rechts driftet, verläßt er sie mit zwei seiner Kollegen, die fortan die unabhängige Linke bilden. 1951 stellt er sich erneut dem Wähler im Departement Meurthe-et-Moselle wird aber nicht wiedergewählt. Ob es damit zu tun hat, dass die Kirche ihn nicht unterstützte? Fortan gilt sein Leben den Obdachlosen, für die er Häuser baut. Er gründet die Gemeinschaft *Emmaüs*.[97] Heute ist diese Organisation in 39 Ländern auf vier Kontinenten vertreten.

Abbé Pierre ist noch lange nicht mit allen Vorschriften seiner Kirche einverstanden. So stellt er sich gegen das Zölibat und ist ein Befürworter der Frauenordination. Zeitlebens hat er die Zärtlichkeit einer Frau vermisst. Für ihn war dieser Verzicht ein ständiger Schmerz.

Der Mann mit der Baskenmütze, dem weißen Bart und dem schwarzen Gewand zählte zu den beliebtesten Franzosen. Mit 94 Jahren haben für ihn – wie er es ausdrückt – die „großen Ferien"[98] begonnen.

WILLY BRANDT (1913-1992)

Willy Brandt wird im Dezember 1913 in Lübeck als uneheliches Kind einer Verkäuferin geboren. In seinen ersten Lebensjahren wird er zuerst von einer Nachbarin, dann vom Stiefgroßvater großgezogen. Dieser weckt in ihm das Interesse an der Politik.

Für ihn den Bundeskanzler von 1969 bis 1974, gehört die Freiheit zur „sozialistischen Erbmasse". Der charismatische Politiker wird nicht müde, seine Partei darauf hinzuweisen, dass der Kommunismus, weil er totalitär ist, den Sozialismus verformt und verfälscht habe. Dem sei entschlossen entgegenzuwirken. 1971, auf dem Bundesparteitag in Bonn, ermutigt er seine Kollegen mit den Worten:

„Habt den Mut zur Barmherzigkeit! Habt den Mut zum Nächsten! Besinnt euch auf diese oft verschütteten Werte! Findet zu euch selbst!"[99] Als im Dezember 1973 der Warschauer Vertrag unterzeichnet wird, besucht Brandt dort das Mahnmal zu Ehren der Toten des Ghetto-Aufstandes von April 1943. Der Bundeskanzler verbeugt sich nicht nur, sondern kniet nieder und verharrt so einige Zeit in stiller Trauer. Die Fotografen halten diesen Augenblick menschlicher Größe für die Ewigkeit fest.

1989, nach dem Fall der Mauer, wird der Sozialismus von vielen für tot erklärt. Brandt betont zwei Jahre später: Es werde sich „als geschichtlicher Irrtum erweisen, das dem Demokratischen Sozialismus zugrunde liegende Ideal – die Zusammenfügung von Freiheit, Gerechtigkeit, Solidarität – als überholt abtun zu wollen." Für dieses Ideal hat sich Brandt immer wieder stark gemacht, wo immer er zu Menschen geredet hat. So auch auch bei seiner Konferenz in Luxemburg im Mai 1992. Ich erinnere mich: Als Brandt den vollbesetzten Festsaal des Cercle-Gebäudes betrat, erhoben sich alle und spendeten standing ovations, ein Moment, der unter die Haut ging. Es war für mich schon ein großer Augenblick, einem Menschen zu begegnen, der Weltgeschichte geschrieben hat: Annäherung von West- mit Ostdeutschland, Staatsbesuch in Israel, Kniefall in

Warschau. Nicht so wichtig für mich, dass Brandt als evangelischer Christ dem Glauben kritisch gegenüber stand.

Im September 1992, wenige Wochen vor seinem Tod spricht er beim Kongress der Sozialistischen Internationale in Berlin. Er schließt seine Rede mit folgenden Gedanken: „Nichts kommt von selbst. Und nur wenig ist von Dauer. Darum – besinnt Euch auf Eure Kraft und darauf, dass jede Zeit eigene Antworten will und man auf ihrer Höhe zu sein hat, wenn Gutes bewirkt werden soll." EGON BAHR (1922-2015),[100] Brandts wichtigster und einflussreichster Berater in Sachen Entspannungspolitik, kommt als 91-Jähriger mit Heidelberger Schülern zusammen. Statt über Willy Brandt zu reden, geht es in seinem Vortrag um die Gefahren eines digitalen Krieges. Egon Bahr zieht die Jugend in seinen Bann. Er verweist auf die Tatsache, dass in der internationalen Politik es eher um die Interessen vom Staat als um Demokratie oder Menschenrechte gehe. „Merken sie sich das, egal, was man ihnen im Geschichtsunterricht erzählt." moniert er seine junge Zuhörerschaft.

<u>HEINRICH ALBERTZ (1915-1993)</u>

Als Sohn eines königlich-preußischen Hofpredigers tritt Heinrich Albertz teilweise in die väterlichen Fußstapfen, indem er sich als Verkünder des Evangeliums in Breslau einen Namen macht.

Genau wie Martin Niemöller und Helmut Gollwitzer ist er während des Zweiten Weltkrieges Pfarrer der Bekennenden Kirche. Deshalb wird er mehrfach verhaftet. Nach dem mörderischen Gefecht, das etwa 60 Millionen Menschen das Leben gekostet hat, tritt er der SPD bei und kümmert sich als „Flüchtlingspfarrer" und Politiker um die Integration der heimatlosen Menschen. Er wird Ende 1966 Oberbürgermeister von West-Berlin und somit Nachfolger von Willy Brandt, dem neuen Außenminister der Großen Koalition.

In seiner Amtszeit besucht der Schah von Persien die deutsche Hauptstadt. Die Studenten protestieren. Bei einem unglücklichen Zwischenfall mit der Polizei kommt der West-Berliner Student Benno Ohnesorg ums Leben. Albertz übernimmt hierfür die Verantwortung.

Weit über die Grenzen Deutschlands wird er bekannt als er, im Rahmen der Entführung des Geschäftsmannes Peter Lorenz[101] durch die Bewegung 2. Juni, sich bereit erklärt, auf die Forderungen der

Terroristen einzugehen. Sechs Gesinnungsgenossen sollen binnen drei Tagen aus dem Gefängnis entlassen und ausgeflogen werden.

In den 1980er Jahren ist er in der Friedensbewegung engagiert. Am 1. September 1983, dem Antikriegstag, nimmt er mit dem Oberbürgermeister von Saarbrücken Oskar Lafontaine, dem Schriftsteller Heinrich Böll, und mehreren tausend Demonstranten an der dreitägigen Sitzblockade gegen die Pershing-Mittelstreckenraketen in Mutlangen teil.

Je älter er wird, desto mehr ist er von Jesus von Nazareth überzeugt. Über dessen Bergpredigt sagt er, dass sie sehr viel nüchterner, praktischer und wahrhaftiger über diese Welt und uns Bescheid wisse, als alle politischen und militärischen Programme. Die Welt aber rüste auf, als seien Wahnsinnige am Werk. Doch Jesus Christus sagt: „Wer das Schwert nimmt, wird durch das Schwert umkommen." Haben wir es nicht schrecklich genug erfahren? Haben wir immer noch nicht genug?" fragt Albertz, 1994, in einer Broschüre von Brot für die Welt.[102]

Im Ökumenischen Jugendkreuzweg, den auch wir vom Bettemburger Jugendchor Mitte der siebziger Jahre meditieren, lerne ich Heinrich Albertz als überzeugten Christen kennen.

<u>HELMUT SCHMIDT (1918-2015)</u>

Helmut Schmidt wird als zweiter Sohn eines Lehrerehepaares in Hamburg geboren. Als Jugendlicher dient er im Zweiten Weltkrieg. Er kämpft zunächst als Soldat an der Westfront, später als Oberleutnant der Luftabwehr an der Ostfront. Zum Schluss des grausamen Geschehens äußert er sich kritisch gegen das NS-Regime. Nach seiner Entlassung aus der britischen Kriegsgefangenschaft studiert er und erhält das Diplom als Volkswirt. Inzwischen hat er sich der SPD angeschlossen. 1974, nach dem Rücktritt von Willy Brandt, wählt der Bundestag ihn zum Kanzler. Er führt die Koalition der SPD mit den Liberalen bis ins Jahr 1982. Von 1983 bis zu seinem Tod ist er Mitherausgeber „meiner" Wochenzeitung *DIE ZEIT*.

Für Schmidt, den Politiker, sind die beiden Großkirchen wichtige Vermittler von Werten, so dass er von 1965 bis 1970 in der Synode der Evangelisch-Lutherischen Kirche in Hamburg mitwirkt. Er setzt sich auch ein für die Öffnung der SPD gegenüber den Kirchen[103] so wie es mit dem *Godesberger Programm* 1959 beschlossen worden ist. Er ist aber kein Freund der südamerikanischen Theologie der Revolution und glaubt nicht, dass man auf der Basis der Bergpredigt Politik machen könne. Seit Ende der 80er Jahre gilt sein Interesse auch anderen Weltreligionen, so dass er sich im Weltethos-Projekt[104] von Hans Küng engagiert. In den letzten Jahren wird diese Idee vom Dialog der Kulturen auch in Luxemburg[105] verbreitet. Dafür engagiert sich in Luxemburg besonders Religionslehrerin Tania Carier.

ERHARD EPPLER (1926-)

Erhard Eppler[106] wird 1926 in Ulm als Sohn eines Oberstudiendirektors geboren. Als evangelischer Christ tritt er der SPD bei. Er habe viel von Karl Marx gelernt, versuche aber, vom Neuen Testament her zu leben, zu denken und zu handeln. Als Politiker des linken Flügels der SPD ist er Mitglied des Bundestages und ist Minister für wirtschaftliche Zusammenarbeit von 1968 bis 1974. Zugleich arbeitet er in der Synode der Evangelischen Kirche mit und ist eine treibende Kraft der Friedens- und Umweltbewegung. Er fordert den Ausstieg aus der Kernenergie, das Ende des Wachstumsfetichismus und die ökologische Erneuerung der Volkswirtschaft. Seine Mahnung vor den verheerenden Nebenwirkungen der Industriegesellschaft ist wegweisend. Eppler ist der Autor verschiedener Bücher,[107] die nicht nur von kritischen Christen in den 70er und 80er Jahren stark beachtet werden: *Ende oder Wende* (1975), *Wege aus der Gefahr* (1981) und *Die tödliche Utopie der Sicherheit* (1983). Für ihn kann der Weg zur Freiheit nie über Unfreiheit führen. Freiheit sei nur in Freiheit zu erweitern. Der Schritt von der Freiheit zur Unfreiheit sei allemal leichter als der umgekehrte. Wer Freiheit wolle, müsse jeden Augenblick Freiheit riskieren. Wer Freiheit und Sozialismus auseinander reiße, töte beide. Niko Paech, bedeutender Umweltökonom, hat Eppler zu seinem 90. Geburtstag interviewt.[108] Während des Gespräches hält er einen Augenblick inne und meint: „ *Was Sie da vorhaben, wäre ja eine Revolution.*" So heißt auch Paechs Buch über den charismatischen, linken Politiker.

HANS-JOCHEN VOGEL (1926-)

Hans-Jochen Vogel, Jahrgang 1926, Sohn eines Diplom-Landwirtes, studiert Rechtswissenschaft in München und in Marburg. Während des Zweiten Weltkrieges tritt er zuerst der Hitlerjugend bei, dann der Wehrmacht. In einem Interview[109] zu seinem 90. Geburtstag nennt Hans-Jochen Vogel, ehemaliger SPD-Parteivorsitzender, Bundesjustizminister und Kanzlerkandidat, die drei Schlüsselwörter der Französischen Revolution zu den Idealen der Sozialdemokratie. Er sei stolz, darauf hinzuweisen, dass nach Hitlers Regierungserklärung vom 23. März 1933 die SPD unter der Führung von Otto Wels die einzige Partei war, die, unter Lebensgefahr, gegen das Ermächtigungsgesetz gestimmt und so die Demokratie verteidigt habe. Dietrich Bonhoeffer und Karl Barth prägen sein theologisches Denken und Handeln. Dabei ist der christlich-marxistische Dialog kein Widerspruch zu seinem Glauben. 1987 wird er als erster Katholik an die Spitze der deutschen SPD gewählt.

Zwischen März und Juni 2011 interviewt die Fernsehjournalistin Sandra Maischberger Hans-Jochen Vogel mehrfach. Sie stellt ihm Fragen z.B. über die Werte, die uns Orientierung geben sollen, über das, was die Menschen zusammenhalten soll und wie wir in Zukunft leben wollen oder auch sollen. Im Buch *Wie wollen wir leben?*[110] erfährt man mehr.

MICHAIL GORBATSCHOW (1931-)

Michail Gorbatschow,[111] Jahrgang 1931, Sohn von christlichen Bauern, wird als russisch-orthodoxer Christ getauft. Er studiert Rechtswissenschaft und schlägt eine politische Laufbahn ein. Hierbei fällt er durch sein energisches und pragmatisches Auftreten auf. 1985 wird er zum Generalsekretär der KPdSU gewählt. Er revolutioniert seine Partei und sein Land von Grund auf, vor allem 1931 durch seine Perestroika d.h. durch die Modernisierung des gesellschaftlichen, politischen und wirtschaftlichen Systems der Sowjetunion. Er setzt auch Glasnost durch, sprich eine größere Transparenz und Offenheit der Staatsführung gegenüber der Bevölkerung. So rehabilitiert er Dissidenten, u.a. den weltweit berühmten Atomphysiker Andrej Sacharow. Aufsehen erregt er Ende Januar 1987 mit dem Schlußsatz seiner Rede vor den Genossen des Zentralkomitees: „Wir brauchen Demokratie wie die Luft zum Atmen."

Gorbatschows Politik wird noch lange nicht von all seinen kommunistischen Kollegen gutgeheißen, doch „Gorbi" überzeugt durch seine Ehrlichkeit und durch seinen Einsatz für die Menschenrechte.

Mitte der achtziger Jahre haben wir Europäer tatsächlich Angst vor einem Nuklearkrieg. Abrüstung, Abrüstung, ist das Gebot der Stunde! Oder wollen wir uns selbst auslöschen? Gorbatschow muss unbedingt mit Ronald Reagan, dem Präsidenten der USA (1981-1989), zusammenkommen. Die beiden mächtigsten Männer der Welt müssen miteinander reden.

„ Konfrontation ist kein angeborener Defekt unserer Beziehungen. Sie ist eher eine Anomalie. Es gibt keinen zwingenden Grund, dass sie bestehen bleibt." So Gorbatschows Aussage in einem Interview mit der bedeutenden russischen Tageszeitung Prawda, im April 1981. Aber können wir diesen schönen Worten trauen? Ich persönlich glaube dem Sowjetführer. Ich habe mehr Vertrauen in ihn als in Ronald Reagan. Michail Gorbatschow geht in die Geschichte ein als der Kreml-Chef, dessen Politik die friedliche Revolution von 1989 möglich macht und so die Einheit Deutschlands herbeiführt. Er besiegelt auch das Ende des Kalten Krieges. Er träumt sogar von einem „gemeinsamen europäischen Haus." Er kann sich vorstellen, dass aus den Militärblöcken Nato und Warschauer Pakt eine Einheit wird.

Mit der Auseinandersetzung von Gorbatschows Politik könnte man Seiten füllen. Gehen wir lieber der Frage nach, wer ihn motivierte, anders zu sein als seine Vorgänger in der Führung der Udssr.

März 2008. Überraschende Meldung aus Assisi: Gorbatschow, begleitet von seiner Tochter Irina, besucht das Grab des Heiligen Franziskus. Der erste Mann der Sowjetunion verharrt eine halbe Stunde lang im Gebet. Er gesteht, der Heilige Franziskus sei für ihn ein zweiter Christus gewesen. Dessen Lebenslauf fasziniere ihn und habe eine fundamentale Wende in seinem Leben bewirkt. Jetzt kommen wir im Westen ins Zweifeln. Stimmt es etwa nicht, wie eine gewisse Presse uns ständig einhämmern möchte, dass Russland das Reich des Bösen sei?

Jahrzehntelang hat sich Gorbatschow als Atheist ausgegeben, ausgeben müssen, aber im Herzen war er immer Christ.

Anfang Dezember 1989 wird er als erster sowjetischer Machthaber von Papst Johannes Paul II. im Vatikan empfangen.

JOHANNES RAU (1931-2006)

Johannes Rau wächst in einem pietistischen Umfeld in Wuppertal auf. Durch seine Arbeit als Journalist kommt er mit der Politik in Berührung. Sie läßt ihn fortan nicht mehr los. Er möchte mithelfen, die Gesellschaft zu verändern und schließt sich der SPD an. Sein starkes, erfolgreiches parteipolitisches Engagement hält ihn nicht davon ab, sich als überzeugter Christ in der evangelischen Kirche zu engagieren. Er macht keinen Hehl daraus, dass für ihn als Politiker die Bergpredigt Leitschnur seines Handelns ist. Zeitlebens setzt er sich für gesellschaftlichen Ausgleich ein. Sein Lebensmotto „Versöhnen statt spalten" macht ihn sehr beliebt. Rau ist Ministerpräsident von Nordrhein-Westfalen von 1978 bis 1998, bevor er das Amt des Bundespräsidenten annimmt. In dieser Funktion besucht er Israel und bittet in seiner Rede in der Knesset um Vergebung für die Verbrechen des Holocaust. Von ihm stammt folgende für so manchen Volksvertreter doch erstaunliche Aussage: „Wer glaubt, im politischen Geschäft hätten Sanftmut oder auch Barmherzigkeit nichts zu suchen, der hat nicht verstanden, was die Aufgabe der Politik ist.[112]

RUDI DUTSCHKE (1940-1979)

Rudi Dutschke verbringt seine Kindheit in der DDR. Schon als junger Mensch wagt er es, an dem kommunistischen Regime Kritik auszuüben. Er darf trotzdem nach West-Berlin reisen. An der Freien Universität Berlin studiert er u.a. die Geschichte der Arbeiterbewegung und den Marxismus. Dabei lernt er seine spätere Frau, die US-Amerikanerin Grete Klotz kennen, die dort bei Helmut Gollwitzer ihre Magisterarbeit schreibt: *Über die revolutionären Bewegungen zur Zeit Christi*. Er vertieft sich auch in die Werke von Karl Barth und Paul Tillich.

Dutschke polarisiert die Öffentlichkeit. Als er nach einem Weihnachtsgottesdienst versucht, eine Diskussion über den Vietnamkrieg herbeizuführen, wird er von einem erzürnten Christen niedergeschlagen und verletzt. So manche Zeitungen kritisieren ihn wegen seines ungepflegten Äußeren. Im Anschluss an einen

Vietnamkongress in Berlin, im Februar 1968, ruft Dutschke die US-amerikanischen Soldaten zur massiven Desertion und zur „Zerschlagung der Nato" auf. Ende März ist er mit seiner Frau Grete Klotz beim Prager Frühling dabei. Vierzehn Tage später wird er in Berlin Opfer eines Attentats. Er überlebt nur knapp. Er nimmt brieflich Kontakt zu seinem Mörder auf und versucht, ihm sein sozialistisches Engagement nahe zu bringen. Mitte Dezember 1979 stirbt er an den Folgen des Attentats.

Aus seinem äußerst bewegten Leben behalten wir noch zurück, dass er die Bremer Grüne Liste beim Gründungskongress der Partei Die Grünen Mitte Januar 1980 vertritt.

Von Jesus Christus, „der Welt größtem Revolutionär" schreibt er in seinen Tagebüchern[113] an Ostern 1963: „Jesus ist auferstanden, Freude und Dankbarkeit sind die Begleiter dieses Tages. Die entscheidende Revolution der Weltgeschichte ist geschehen, die Revolution der Welt durch die alles überwindende Liebe. Nähmen die Menschen voll die offenbarte Liebe an, die Wirklichkeit des Jetzt, die Logik des Wahnsinns könnte nicht mehr weiterbestehen."

Rudi Dutschke bekennt, er sei ein Sozialist, der in der christlichen Tradition stehe. Er sei stolz auf diese Tradition. Er sehe das Christentum als spezifischen Ausdruck der Hoffnungen und Träume der Menschheit.

WOLFGANG THIERSE (1943-)

Wolfgang Thierse, 1943 als Sohn eines Rechtsanwaltes in Breslau geboren, übt zuerst den Beruf eines Schriftsetzers aus. Dann studiert er an der Humboldt-Universität in Berlin und bringt sein Wissen in die Kultur der DDR ein. Nach der Wende engagiert er sich in der SPD und wird Mitglied des Bundestages von Oktober 1990 bis 2013. Er gehört zum Arbeitskreis der Christinnen und Christen in der SPD (AKC) und zum Zentralkomitee der deutschen Katholiken.

Im März 2013 hält der katholische Christ eine vielbeachtete Rede[114] zum Thema *150 Jahre Sozialdemokratie und die Kirchen*. Im Folgenden sei auf einige Punkte hingewiesen:

Sozialismus war für die Kirchen der Inbegriff organisierter säkularisierter Gegenkirchlichkeit. Der alltägliche Atheismus in der

Arbeiterbewegung lief parallel zu ihrer antikirchlichen Haltung. Dialog und Vermittlungsmöglichkeiten schieden zuerst aus. Das galt für die evangelische und katholische Kirche bis in die 30er Jahre des 20. Jahrhunderts.

Religion ist Privatsache, schreibt das *Erfurter Programm der* SPD (1891); in der DDR, wo von Staats wegen Religion und Kirche zu überwinden seien, heißt es: Glaubenslehre sei bestenfalls Privatsache.

Doch es habe Jahre gedauert, bis SPD und Kirche sich annäherten. Das *Godesberger Programm* von 1959 bringt es auf den Punkt: Der Sozialismus sei kein Religionsersatz. Die Sozialdemokratische Partei achte die Kirchen und Religionsgemeinschaften. Sie sei im Sinne einer freien Partnerschaft stets bereit, mit ihnen zusammen zu arbeiten. Es gebe genügend Verbindungspunkte. Vergessen sollte man auch nicht, betont Wolfgang Thierse, dass es schließlich Christen waren, die zur Überwindung des DDR-Staates beitrugen und übrigens auch die Sozialdemokratische Partei in Ostdeutschland gründeten.

Gefragt, ob Religion überhaupt Privatsache sei, antwortet Wolfgang Thierse mit Nein. Warum? Weil besonders der christliche Glaube nicht nur eine Einweisung in ein gutes und sinnvolles Leben sei, sondern auch in die soziale Praxis und damit auch in die Politik. Die Zukunft zwischen der SPD und der Kirche sieht er in einer „immer wieder zu erneuernden Partnerschaft, Zuhören und Streit, Diskussion und gemeinsames Handeln, wo möglich und nötig. Das ist es."

FRIEDRICH SCHORLEMMER (1944-)

1944 wird Friedrich Schorlemmer als Sohn eines evangelischen Pfarrers in der Lutherstadt Wittenberg, in der früheren Deutschen Demokratischen Republik, geboren. Er studiert Theologie, aus politischen Gründen, denn Kirche ist für ihn eine Möglichkeit in „Freiheit zu denken".[115] Er wird Jugend- und Studentenpfarrer und Prediger.

Die Zustände in seinem Land bedrücken ihn. Er möchte so manches ändern. Deshalb ist er vielseitig engagiert: in der Friedens- Menschenrechts- und Umweltbewegung. Er beteiligt sich auch an Protestaktionen. International wird er bekannt, als er auf dem evangelischen Kirchentag 1983 in Wittenberg ein Schwert in eine

Pflugschar umschmieden lässt. Pfarrer Schorlemmer geht es darum, auf die atomare und konventionelle Abrüstung in Ost und West d.h. auf die konsequente Entspannungspolitik aufmerksam zu machen. Der 9. November 1989, der Tag, an dem die Mauer fällt, ist auch für ihn ein beglückendes Ereignis. Friedrich Schorlemmer ist einer der Initiatoren des Aufrufs „Für unser Land", in dem sich gegen eine Wiedervereinigung bzw. für eine Konföderation mit der BRD ausgesprochen wird. Statt einer Wiedervereinigung soll der Weg geebnet werden für den Aufbau eines demokratischen Sozialismus in der befreiten DDR. Angesprochen auf seine alte Heimat, meint er: „Dass ich diesen Staat furchtbar fand, hat nichts damit zu tun, dass der Kommunismus eine große Emanzipationsbewegung des 19. Jahrhunderts war, eine universalistische Weltidee." (....) Der Traum[116] davon sei es gewesen, dass die Welt letztlich allen gehöre und alle Menschen gleiches Lebensrecht hätten. Gleiches Lebensrecht aber bedeute: Recht auf ein Dach über dem Kopf, Recht auf reines Wasser, Recht auf Nahrung und Recht darauf, mitzuwirken am Leben als einem gesellschaftlichen Prozess zur Verbesserung sozialer Verhältnisse. Für Schorlemmer habe der Marxismus das Sozialökonomische überbetont und sich nicht genug der gebrochenen menschlichen Existenz gestellt. Daran sei er gescheitert. Auch heute bleibt Schorlemmer ein unbequemer, wichtiger Interpret unserer Zeit, ein Friedenspfarrer, der nicht müde wird, auf die Gefahren der Globalisierung hinzuweisen.

ANTONIO GUTERRES (1949-)

António Manuel de Oliveira Guterres[117] erblickt das Licht der Welt im April 1949 in Santos-o-Velho bei Lissabon/Portugal. Einige Jahre seiner Kindheit verbringt er im bitterarmen portugiesischen Hinterland, hat aber die Gelegenheit, den Beruf eines Elektrotechnikers zu erlernen. In den 1970er Jahren ist er als Sozialarbeiter in Lissabons Armenvierteln tätig. Er erlebt die Nelkenrevolution von 1974. Dieser erfolgreiche Aufstand linksgerichteter Teile der portugiesischen Armee gegen Diktator Salazar motiviert ihn, der Sozialistischen Partei Portugals beizutreten. Als praktizierender Katholik will er durch sein Engagement in einer Partei der sozialen Gerechtigkeit seinem Land helfen. Mit 27 Jahren zieht er als Abgeordneter ins Parlament ein und übernimmt bald den Fraktionsvorsitz. 1992 wird er Parteivorsitzender und führt die Sozialisten aus einer tiefen Parteikrise heraus. Drei Jahre später erringt er mit vierundvierzig Prozent Stimmen für seine Partei den größten Wahlsieg in der Geschichte. Weitere Etappen seiner politischen Karriere: Premierminister Portugals (1995-2005), Präsident der Sozialistischen Internationale (1999-2005) und Hoher Flüchtlingskommissar der Vereinten Nationen (2005-2015).

António Guterres erregt Aufsehen, als er gegen die Liberalisierung des Abtreibungsgesetzes, einen Vorschlag seiner eigenen Partei, stimmt. Er spielt auch eine wichtige Rolle beim 4. internationalen Kongress zum Thema Katholiken und öffentliches Leben (Madrid, November 2002). Hier wird versucht, die Handlungsweise der Christen im sozialen, politischen, wirtschaftlichen und kulturellen Bereich im Lichte der aktuellen Prinzipien der kirchlichen Soziallehre zu analysieren, zu fördern und zu kanalisieren." Christ sein gibt uns ein Wertesystem. Sozialist sein gibt uns eine politische Vision der Welt und ein Wille zu intervenieren."[118] erklärt Guterres.

Der katholische Sozialist, für den das *Neue Testament* eine zentrale Stelle in seinem Leben einnimmt, wird am 1. Januar 2017 zum Generalsekretär der Vereinten Nationen ernannt. Fürwahr auch keine leichte Aufgabe, Brückenbauer aller 193 Nationen zu sein. Guterres hat sich vorgenommen, mehr Gewicht auf das Vorbeugen internationaler Konflikte zu legen, als die Krisen zu verwalten. Die *Süddeutsche Zeitung*[119] bezeichnet ihn als einen pragmatischen Idealisten wie sie heute gebraucht werden.

KLAUS JENSEN (1952-) UND MALU DREYER (1961-)

Klaus Jensen, 1952 in Duisburg geboren, lerne ich durch die Dritte-Welt-Szene und Friedensbewegung der 80er Jahre kennen. Ich bewundere ihn, als er sich für einen Hungerstreik entscheidet angesichts der sogenannten Nachrüstung in Ost und West. Mit anderen Friedensfreunden in Trier und in der ganzen Welt fastet er für jede im Westen geplante Mittelstreckenrakete eine Stunde, was bedeutet, dass er während 24 Tagen nur Wasser zu sich nimmt. Insgesamt 52 Trierer Bürger beteiligen sich an dieser Aktion und hungern zwischen drei und vierzehn Tagen.

„Mit der höchsten Form der Gewaltlosigkeit auf die höchste Form der Gewalt aufmerksam gemacht." So betitelt der *Trierische Volksfreund* in seiner Ausgabe vom 31. August 1983 einen Artikel über dieses bewundernswerte Fasten von Klaus Jensen und seiner Arbeitsgemeinschaft Frieden.

Jensen arbeitet als Sozialplaner und Unternehmensberater in Rheinland-Pfalz und gründet eine Stiftung, die seinen Namen trägt.[120] Sie unterstützt u.a. Projekte der Gewaltprävention im In- und Ausland. 1994 wird er Staatssekretär für Soziales in Rheinland-Pfalz unter Kurt Beck. Von 2007 bis 2015 bekleidet er das Amt des Oberbürgermeisters der Stadt Trier. Seit September 2015 ist Jensen Honorarkonsul von Luxemburg in Trier.

Auch meine Gattin Fernande und ich gehören zu den zahlreichen Gästen, als Klaus, im Juli 2004, Malu Dreyer in der Benediktinerabtei St. Matthias in Trier heiratet.

Malu Dreyer wird Anfang 1961 in Neustadt an der Weinstraße als zweites von drei Kindern eines Erzieherehepaares geboren. Sie wünscht sich, Ärztin oder Lehrerin zu werden, doch schlussendlich wird sie Staatsanwältin. Als junges Mitglied der SPD wird sie hauptamtliche Bürgermeisterin von Bad Kreuznach und Sozialdezernentin der Landeshauptstadt Mainz, bevor Kurt Beck ihr den Posten einer Ministerin für Arbeit und Soziales in Rheinland-Pfalz anvertraut.

Seit Anfang 2013 ist sie die erste weibliche Ministerpräsidentin dieses Landes. Vor über 20 Jahren wird bei ihr Multiple Sklerose diagnostiziert. Deshalb ist sie manchmal auf den Rollstuhl angewiesen. In einem Interview mit Publik-Forum[121] gesteht sie, dass ihre Erkrankung Teil ihres Lebens sei, aber nicht im Mittelpunkt stehe. Sie schaut mit Zuversicht in die Zukunft wie sie in ihrem Buch *„Die Zukunft ist meine Freundin"*, [122] schreibt.

Klaus und Malu sind praktizierende Katholiken. Sie wohnen in einem Wohnprojekt für behinderte und nichtbehinderte Menschen im Schammatdorf in Trier. Ihr gemeinsames Zeugnis lesen Sie Seite 123.

BODO RAMELOW (1956-) UND DIE LINKE

Bodo Ramelow,[123] 1956 in Niedersachsen geboren, ist evangelischer Christ und gehört der Partei Die Linke an, die Hunderte von Christen, wie er betont, in ihren Reihen zählt. Ramelow ist Fraktionsvorsitzender seiner Partei und von 2005-2007 Mitglied des Deutschen Bundestages. Ende Dezember 2014 wird er zum Ministerpräsidenten von Thüringen gewählt und ist damit bundesweit der erste Ministerpräsident der Linken. Für ihn sind die Vertreter der verschiedenen Glaubensrichtungen wichtige Partner des Staates. Als Ministerpräsident habe er dafür Sorge zu tragen, dass es dabei zu keinerlei Einschränkungen komme. Ein Angriff auf Religionen sei immer ein Angriff auf die gesamte Gesellschaft. Er stehe für den interreligiösen Dialog. Für ihn sollten Kirche und Staat getrennt sein.

Die Linke ist seit Jahren bei den evangelischen Kirchentagen vertreten. 2016 nimmt sie zum ersten Mal am Katholikentag teil. Am 25. Februar desselben Jahres wird Ramelow von Papst Franziskus im Vatikan empfangen. In der menschlich tief bewegenden, dreißig-minutigen Audienz geht es vor allem um die Flüchtlingsfrage. Ramelow erntet für seine Begegnung mit dem Heiligen Vater nicht nur Beifall. Er muss sich Schmähungen und verletzende Kommentare aus seiner Partei gefallen lassen. Ramelow steht zu seinem Glauben: „Das Christliche im Abendland ist eben unser Christsein und die Erkenntnis, dass uns jeder Mensch gleich wert ist."[124]

Auf der Homepage der Partei Die Linke kann man nachlesen, dass das Gebot der christlichen Nächstenliebe übereinstimmt mit ihrem Eintreten für eine friedliche, humane und solidarische Gesellschaft, in der sich jeder Mensch in der Gemeinschaft mit anderen frei entfalten kann. Nicht verwunderlich also, dass eine Arbeitsgemeinschaft Christinnen und Christen bei der Linken sich mehrmals im Jahr versammelt, um sich mit einem aktuellen Thema zu beschäftigen.

Ähnlich verhält es sich mit Menschen, die ihre christliche Überzeugung in der sozialdemokratischen Politik fruchtbar machen möchten. Sie finden sich im Arbeitskreis Christinnen und Christen in der SPD zusammen.[125] Sie suchen den Dialog mit Kirchen, kirchlichen Verbänden und Gruppen.

FRANK-WALTER STEINMEIER (1956-)

Frank-Walter Steinmeier, Jahrgang 1956, der Sohn eines Tischlers und einer aus ihrer Heimat Breslau vertriebenen Fabrikarbeiterin, studiert Jura und tritt der SPD bei. Unter Bundeskanzler Gerhard Schröder (1998-2005) wird der SPD-Politiker Chef des

Bundeskanzleramtes, danach bis 2017 bundesdeutscher Außenminister.

Anfang 2015 ist er Gast der Uni El-Manar von Tunis. Vor 500 Studierenden bekennt er, dass Religion sich mit der Demokratie nicht nur vertragen, sondern sie fördern könne. Demokratie brauche einen ethischen Nährboden und Religion könne ihn bereiten helfen. Er gesteht den islamischen jungen Menschen, dass er als Christ in der protestantischen Kirche aktiv sei. „Natürlich hat mein Christsein mit meinem Handeln in der Gesellschaft zu tun: Meine Religion gebe ich nicht an der Garderobe ab, wenn ich morgens ins Büro gehe."

Für Frank-Walter Steinmeier gilt das Gebot der Nächstenliebe nicht nur unter Christen. So gesehen sei eine Moschee, eine Kirche oder eine Synagoge nie nur für das Wohl eines bestimmten Stadtteils. Wenn Religion niemanden ausgrenze, könne sie die Gesellschaft stärken.[126]

Steinmeier ist am 12. Februar 2017 zum deutschen Bundespräsidenten, dem Staatsoberhaupt der Bundesrepublik Deutschland, gewählt worden. Er hat sich vorgenommen, in seinem zukünftigen Amt ein „Mutmacher" zu sein. Zu seinen langjährigen Freunden zählt auch der Luxemburger Außenminister Jean Asselborn.

GUY FRANTZEN (1957-)

Guy Frantzen wird im März 1957 in Luxemburg/Bonneweg geboren. Er arbeitet als Informatiker bei einer Bank. Der zweifache Vater verbringt seine Freizeit gerne mit Jugendlichen. Im Eisenbahnerstädtchen Bettemburg, wo er wohnt, leitet er von 1992 bis 2005 die katholischen Pfadfinder. Zum Erstaunen vieler Einheimischer kandidiert er bei den Gemeindewahlen von 2004 nicht bei der Christlich-Sozialen Partei, sondern bei der Sozialistischen Arbeiterpartei (LSAP). Seine Partei gewinnt. Daraufhin wird Frantzen Erster Schöffe. Als aber 2011 die LSAP nicht mehr das Ruder hält, setzt er sich weiterhin – bis heute – als Gemeinderat der Opposition für die Belange der Bürger ein. Der ONG Beeteburg Hëlleft (Bettemburg Hilft) dient er seit 2001 als Kassierer. Diese Nichtregierungsorganisation unterstützt Projekte vor allem in Rumänien, auf den Kapverden und in Chile. Frantzen hat mehrmals die Gelegenheit gehabt, die Mapuche im Süden dieses Andenstaates zu besuchen, jene Indianer, die seit Langem für die Anerkennung ihrer Rechte kämpfen.

MARKUS NIERTH (1969-)

Markus Nierth, im Jahr 1969 in der Lutherstadt Eisleben geboren, ist ein deutscher evangelischer Theologe.

Von 2009 bis März 2015 bekleidet er das Amt eines ehrenamtlichen Bürgermeisters von Tröglitz, einem Dorf von 2500 Einwohnern in Sachsen-Anhalt. Eigentlich eine ziemlich friedliche Ortschaft, bis 40 Flüchtlinge dort unterzubringen sind. Der Gemeindevorsteher erhält wenig Rückenstärkung aus der Bürgerschaft, bekommt es aber mit rechtsextremistischen Umtrieben zu tun. So wird z.B. die geplante Flüchtlingsunterkunft niedergebrannt. Nierth erlebt Ächtung wegen seines Engagements. Weniger Flüchtlinge als vorgesehen werden angenommen.

„Wie können wir die Gesellschaft und ihre Werte retten?" fragt sich der Theologe. Politisch traut er das am meisten der Linkspartei zu und bekennt: „Wir nennen es Nächstenliebe, Die Linke nennt es Solidarität. Die Linken haben mehr Wertüberschneidungen mit der Kirche als die christlichen Parteien." [127]

ANDREA NAHLES (1970-)

Andrea Nahles, Jahrgang 1970, verbringt ihre Kindheit in dem kleinen Dorf Weiler in der Vulkaneifel. Sonntags pflegt sie dem einheimischen Priester die Messe zu dienen. Mit 18 Jahren tritt sie der SPD bei, gründet in Weiler die Lokalsektion ihrer Partei, bevor sie Vorsitzende der Jungsozialisten wird. Als deren Vorsitzende bekommt sie nie die Frage zu hören, ob sie gläubig sei oder christliche Wurzeln habe. Dazu bekennt sie: „Alle haben vorausgesetzt, dass dem nicht so sein kann. Weil man immer sagt: Links, da kann ja nur Atheismus dahinter stecken." Sie aber glaubt an Gott. Sie möchte den Fußspuren von Jesus Christus folgen. Sie meint, Christus sei absolut anspruchsvoll und nebenbei ziemlich radikal, was die Gerechtigkeitsfrage angehe, so dass es nicht leicht sei ihm zu folgen. Nahles erklärt, dass ihr sozialdemokratisches Engagement aus ihrem Einsatz in der katholischen Kirche entstanden sei. Der Glaube sei ihr so wichtig, dass sie sich in manchen Fragen über ihre Partei hinwegsetze. Der

Umgang der katholischen Kirche mit den Frauen, ihr Ausschluss vom Priesteramt, mache ihr Sorgen. Aber das sei kein Grund, aus der Kirche auszutreten.

Andrea Nahles war Generalsekretärin der SPD (2009 bis 2013) und Bundesministerin für Arbeit und Soziales (2013-2017). Sie wird, Ende September 2017, zur ersten Frau in der Geschichte der SPD bestimmt, die in Zukunft die sozialdemokratischen Bundestagsabgeordneten führen wird. Was ihr wichtig ist, hat die ehemalige Juso-Chefin in ihrem Buch *Frau, gläubig, links*[128] niedergeschrieben. Sie ist auch Mitherausgeberin der SPD-Chronik *Für Fortschritt und Gerechtigkeit.*[129]

KIRCHE UND LINKSPARTEIEN

Franz Maget, Katholik und Sozialdemokrat aus München, hat 2014 den Sammelband Kirche und SPD herausgegeben. Dieses Buch zeichnet nach, wie aus erbitterter Gegnerschaft zwischen Christen und Sozialisten ab Mitte des 20. Jahrhunderts gegenseitiger Respekt und auch gemeinsames Handeln erwuchsen.

LINKS VON CHRISTUS/ A LA GAUCHE DU CHRIST

Neben Deutschland lohnt es sich, einen genaueren Blick nach Frankreich zu werfen und der Frage nachzugehen, ob französische Schriftsteller und Politiker bekannt sind, die sich in linken Parteien engagiert haben? Vielen von uns fallen die Autoren François Mauriac und Charles Péguy sowie die Politiker Jacques Delors und Michel Rocard ein.

Zusammen mit dem Historiker Denis Pelletier, und dem Religionssoziologen Jean-Louis Schlegel haben dreizehn Fachleute im Buch *A la gauche du Christ*[130] festgehalten, was Linkschristen in Frankreich von 1945 bis heute alles bewegt haben. Sie bringen sich ein, im Namen ihres Glaubens, gegen eine katholische Kirche, die mit der Rechten fraternisiert oder gegen eine verbürgerlichte evangelische Glaubensgemeinschaft.

Ein Beispiel: Hélène Roy. Von dieser sozialistischen Gemeinderätin aus Dijon und überzeugten Christin geht zwar im oben erwähnten Buch nicht die Rede, aber ich stelle sie gerne hier vor.

Für Hélène Roy bedeutet politisches Engagement, Ideale zu teilen: konkrete Gerechtigkeit und Solidarität zu leben und allen Menschen, besonders den zerbrechlichsten mit Respekt zu begegnen. Mehrere Pfarreien ihrer Stadt bieten Bedürftigen Mahlzeiten an, weil niemand gleichgültig gegenüber dem Elend an der eigenen Haustür bleiben kann. Diesem Engagement muss aber eine Ursachenforschung folgen. Jetzt sei die Politik gefordert. „Möchten wir im Schatten unserer Mauern leben oder unseren Horizont den andern öffnen? z.B. den Flüchtlingen," fragt sie. Es heißt zu wählen, selbst auf die Gefahr hin, sich zu irren.

Hélène Roy[131] nimmt mit Freude zur Kenntnis, dass Papst Franziskus uns ermuntert, am öffentlichen Leben teilzunehmen. Fallen wir, so stehen wir wieder auf und fangen von vorne an, soll unser Motto sein. Der Glaube an den Menschen, die tiefe Hoffnung, die in uns steckt, dass doch so viel Schönes möglich sei, machen uns stark gegen den Egoismus und gegen die Versuchung, uns in uns zurückzuziehen. Unsere Gesellschaft brauche solche Menschen, die in der Öffentlichkeit Zeugen der Hoffnung und der Liebe seien.

INTERNATIONALE LIGA RELIGIÖSER SOZIALISTINNEN UND SOZIALISTEN (ILRS)

Linke Christen findet man – wie wir bereits gesehen haben in Belgien, Deutschland, Frankreich Großbritannien, Österreich und in der Schweiz. Ergänzen wir, dass in der Romandie, der französischen Schweiz, eine Gruppierung sozialistischer Christen bereits seit 1908 besteht. Paul Passy (1859-1940), eines ihrer Mitglieder hat das Verhältnis Sozialismus-Christentum folgendermaßen definiert: „Der Sozialismus ist zweifellos christlichen Ursprungs und das Christentum ist nur vollständig, wenn es zum Sozialismus hinführt."[132]

Seit den zwanziger Jahren des vergangenen Jahrhunderts besteht die Internationale Liga Religiöser Sozialisten und Sozialistinnen (ILRS).[133]

Diese Organisation zählt lange Zeit nur europäische Mitglieder, knüpft dann Kontakte zu Osteuropa, zu Nord- und Südamerika, zu Australien und Afrika.

Heute gehören über 200.000 Menschen der unterschiedlichsten Glaubensrichtungen zu der ILRS. Sie kämpft gegen den religiösen Fundamentalismus und den Missbrauch der Religion als Werkzeug eines politischen Konservatismus. Als assoziiertes Mitglied der Sozialistischen Internationale versucht sie den Prozess einer immer größer werdenden Kluft zwischen Arm und Reich zu bremsen.

BUND DER RELIGIÖSEN SOZIALISTEN DEUTSCHLANDS

Seit den 20er Jahren des vergangenen Jahrhunderts gibt es den Bund der Religiösen Sozialisten Deutschlands (BRSD). Er definiert sich selbst als eine traditionsreiche Organisation am Schnittpunkt von Kirche und Arbeiterbewegung. Der BRSD hat ein eigenes Presseorgan, das seit 1948 viermal im Jahr unter dem Namen *CuS.*

Christin und Sozialistin/Christ und Sozialist. Kreuz und Rose erscheint. Aktuelle Reportagen aus den Dritte-Welt-, Friedens-, Ökologie- und Frauenbewegungen kommen neben geschichtlichen Beiträgen in diesem für eine Demokratie wichtigen Blatt zur Sprache.

LATEINAMERIKA

„Jesus
ich preise dich in tausend Zungen, dafür,
dass Du ein Rebell warst,
der Tag und Nacht kämpfte
gegen die Ungerechtigkeit der Menschheit."
(Aus der Misa campesina, Nicaragua)

PROBLEMATIK NORD-SÜD

Wir Menschen in Europa und Nordamerika führen seit Langem einen höheren Lebensstil als unzählige Menschen im Süden unseres Planeten. Stephan Lessenich,[134] der bekannte deutsche Soziologe, drückt es so aus: „Wir leben nicht über unsere Verhältnisse. Wir leben über die Verhältnisse der anderen." In anderen Worten: Die Industriestaaten im Norden sind deshalb so reich, weil sie die armen Länder des Südens ausbeuten oder ausgebeutet haben.

Auch innerhalb eines Landes kann es große Unterschiede geben: Ich bin bei meinen wiederholten Aufenthalten in Chile in den 90er Jahren sowohl mit reichen als auch mit armen Menschen zusammengekommen. Zwischen beiden Gesellschaftsschichten liegt ein tiefer Graben. Wie kann es sein, dass sie sich nur selten begegnen? Wie kann es sein, dass Arm und Reich meistens in verschiedenen Kirchen beten, anscheinend aber denselben Gott verehren? Ich habe mir natürlich auch die Frage gestellt, welche Rolle die Kirche dabei spiele.

Jahrhundertelang hat die katholische Kirche in Lateinamerika d.h. in Zentral- und Südamerika, sich im Allgemeinen an der Kolonialisierung und Ausbeutung der Menschen beteiligt und galt als Hemmnis für gesellschaftliche Entwicklung. Ausnahmen hat es immer gegeben. So Bartholomé de Las Casas, der im 16. Jahrhundert der schnellen Ausbreitung des Christentums selbst unter Anwendung von Gewalt eine friedliche Religionsverbreitung entgegensetzte und sich dadurch in der amerikanischen Kultur Respekt verschaffte.[135]

Mitte der 1960er Jahre findet in Lateinamerika ein kultureller, politischer und gesellschaftlicher Aufbruch statt. Dem schließt sich auch ein Teil der Kirche an. Sie stellt die Frage nach den Ursachen der Armut und beteiligt sich am Aufbau einer gerechteren Gesellschaft.

Von einem lateinamerikanischen Sozialismus wird geträumt, der den Advent des neuen Menschen fördert. Armut, Ungerechtigkeit, Diskriminierung, Ausbeutung und jede Art von Unterdrückung sollen überwunden werden wie beispielsweise in Chile. Dort trägt Präsident Salvador Allende (1970-1973) besonders Sorge um die unteren Schichten der Gesellschaft. Ob es ein Zufalll ist, dass 1972 in Chiles Hauptstadt Santiago die Bewegung Christen für den Sozialismus gegründet wurde? (Siehe Seite 115)

UNBEQUEME CHRISTEN

Im Folgenden werden, stellvertretend für viele, mehrere Menschen näher vorgestellt, die sich dem sozialen und politischen Wandel verpflichtet fühlen, auch wenn das von ihren Vorgesetzten nicht erwünscht ist. Als erste möchte ich mir bekannte, herausragende Anwälte der „kleinen Leute" erwähnen: Joseph Comblin und François Houtart, belgische Priester, Vorreiter der Theologie der Befreiung, die António Gutierréz aus Peru 1971 in seiner gleichnamigen Schrift[136] vorstellt; Sergio Méndez Arceo, Bischof von Cuernavaca/Mexiko; Paulo Evaristo Arns, Kardinal und Erzbischof von São Paulo/Brasilien; Gonzalo Arroyo, Jesuit aus Santiago de Chile; Frei Betto, Dominikaner aus Brasilien; Pedro Casaldáliga, Bischof von São Felix/Brasilien; Fernando Castillo/Chile, römisch-katholischer Theologe und Soziologe; Leonidas Proaño, Bischof von Riobamba/Ecuador sowie Samuel Ruiz, Bischof von Chiapas/Mexiko. Rutilio Grande und Ignacio Ellacuria, katholische Priester in San Salvador sowie Oscar Romero, Erzbischof von San Salvador, hören die Schreie der Armen, werden ihrer Regierung unbequem und kaltblütig ermordet. Auch John Sobrino sollte getötet werden, entkommt aber knapp einem Attentat.

Für sie alle bedeutet das Bestehen von Armut einen Bruch in der Solidarität untereinander und in der Gemeinschaft mit Gott. Fernando Lugo soll ebenfalls erwähnt werden. Dieser ehemalige Bischof der Diözese San Pedro im verarmten Zentrum von Paraguay war daselbst Staatspräsident von 2008-2012.

Meines Wissens haben die Aufgezählten sich der Gesellschaftsanalyse von Karl Marx bedient und werden deshalb als gefährliche Rote gebrandmarkt. Sie sehen im selbstverwalteten Sozialismus ein zu förderndes Gesellschaftssystem. Schon 1978 erklärte Bischof Arceo aus Mexiko, der Sozialismus sei wichtiger für die Entwicklung der Menschheit im 21. Jahrhundert als jede andere Idee.

DOM HÉLDER CÂMARA (1909-1999), BRASILIEN

Dom Hélder Câmara wird als elfter von dreizehn Söhnen in Fortaleza, im unterentwickelten Nordosten Brasiliens geboren. Er muss miterleben, wie fünf seiner Geschwister im Kindesalter sterben. Dom Hélder wird schon mit 22 Jahren zum Priester geweiht. Fünf Jahre später übernimmt er einen wichtigen Posten im Erziehungsministerium in Rio. Dort lernt er die erbärmlichen Lebensbedingungen der Bevölkerung in den Elendsvierteln kennen. Dies berührt ihn zutiefst. Nach seiner Ernennung zum Bischof besucht der kleine Mann mit dem außergewöhnlich kämpferischen Herzen des Öfteren die Elendsviertel (1954). Er bemüht sich, annehmbare Wohnbedingungen für die Armen zu schaffen. Im Laufe des Zweiten Vatikanischen Konzils (1962-1965) beschwört er seine Mitbischöfe, den äußeren Reichtum abzulegen, um die Distanz zu den arbeitenden Menschen zu verringern. Kurz nach seiner Ernennung zum Erzbischof von Olinda und Recife putschen die Militärs erfolgreich. Zuerst lässt man Dom Hélder ruhig arbeiten, verunglimpft ihn aber zunehmend als „roten" Bischof. Die Bezeichnung „rot" bedeutet Gefahr. Tatsächlich wird er Opfer mehrerer Attentate, die er aber übersteht. Unter seinem Impuls entstehen Basisgemeinden d.h. kleine meist lokal gebundene Gemeinschaften von Gläubigen, die sich regelmäßig treffen, über ihren Alltag nachdenken und Konsequenzen ziehen. Sie protestieren ggf. gegen ihre Lage, weil der Gott der Bibel nicht will, dass sie vom gesellschaftlichen Leben ausgeschlossen werden. Während Dom Hélder in seiner Heimat die Landesführung enorm stört, wird er im Ausland immer beliebter. Man verleiht ihm mehrere Friedenspreise, doch den Friedensnobelpreis bekommt er nie. Dafür hat das Militärregime gesorgt. 1973 zieht man ihm den amerikanischen Außenminister Henry Kissinger vor, der maßgeblich den Sturz von Salvador Allende vorbereitet hat. Als Dom Hélder Anfang April 1985 aus Altersgründen von seinem Amt zurücktritt, muss er miterleben, wie der Vatikan ihn „belohnt". Sein Nachfolger, ein Gegner der Befreiungstheologie, beendet nämlich die sozialen Projekte, für die der charismatische Bischof zeitlebens gekämpft hat.

Für mich gehört Dom Hélder zu einer der herausragenden Persönlichkeiten in der Geschichte der Christenheit. In den 1970er und 1980er Jahren haben wir im Bettemburger Jugendchor uns gerne auf ihn berufen, um uns Mut zu machen, weiter Zeuge zu bleiben von Jesus Christus, dem Befreier. So manche seiner Bücher wie *Die Spirale der Gewalt*[137] haben uns dabei geholfen. Mein Freund JOHNY GEISEN, Herz-Jesu Pater, hat lange Jahre mit Dom Hélder zusammengearbeitet. Stand er deshalb auf der Liste der Unbequemen, die man umlegen sollte, eine Liste, in die er zufällig Einblick bekam? Johny hat überlebt. In den vergangenen Jahren ist er regelmäßig für ein paar Wochen nach Luxemburg zurückgekehrt und hat seine Freunde besucht. Er hat uns berichtet, wie er und seine Gemeinschaft die von den politisch Verantwortlichen vergessenen Armen tagtäglich begleiten. Wie stark das Evangelium Menschen machen kann! Marc Hubert, dynamischer Luxemburger Pfadfinderchef, kann auf die Unterstützung der ONG Lëtzebuerger Guiden und Scouts fir eng Welt rechnen, um die ihm anvertrauten Jugendlichen zweimal nach Brasilien zu „entführen". Dort bei Johny, in einer doch für sie außergewöhnlichen Umgebung, verbringen sie in einem Camp, in den Jahren 2013 und 2016, den Alltag mit gleichaltrigen Brasilianern. Johny versteht es, Jugendliche zu begeistern. Eine seiner Anhängerinnen drückt es so aus: „Ich möchte die Gelegenheit nutzen, dir einfach einmal zu sagen, wie sehr ich dich und deine Arbeit schätze, die du seit Jahren leistest und geleistet hast: mit deinem tiefem Glauben an das Gute im Menschen, Mut, Dinge anzupacken, mit Zielstrebigkeit, Flexibilität und Beharrlichkeit, einer guten Portion Pragmatismus, Intuition, Humor und bereit, in jeder Situation etwas zu lernen! Danke, dass es dich gibt."

Ende August 2016 erreicht uns die traurige Nachricht aus Lourenço da Mata, Johny leide unter einer unheilbaren Krebskrankheit. Am 9. November, einen Tag vor seinem vierundsiebzigsten Geburtstag, ist er heimgegangen zu Gott. Knapp drei Monate vorher ist unser Freund Pater François Koedinger[138] gestorben. Adeus, Padre João, Äddi Fränz! Wir vermissen euch sehr. Ihr beide wart bekannt als außergewöhnlich kritische Christen. Ihr habt nicht nur mich näher zu

Jesus von Nazareth geführt. Über euch wissen die Luxemburger Medien nur wenig zu berichten. Wäret ihr doch nur Sportler gewesen!

PAULO FREIRE (1921-1997)

Paulo Freire aus Brasilien gehört zu den bedeutendsten Pädogogen des 20. Jahrhunderts. Mit acht Jahren macht er die Erfahrung des Hungers. Er scheint kein begabter Schüler zu sein, schafft es aber Anwalt zu werden, bevor er sich ganz der Erziehungswissenschaft widmet. João Goulart, Brasiliens Präsident (1961-1964), unterstützt Freires Alphabetisierungskampagne. Als aber im April 1964 die Militärs die Macht übernehmen, muss der Pädagoge 70 Tage im Gefängnis verbringen. Anschließend wandert er nach Chile aus, um dort seine Lesen- und Schreibmethode unter das Volk zu bringen. Paulo Freire möchte das Bewußtsein der Menschen bilden, damit sie ihre Lebenssituation erkennen und sich gegen eventuelle Ausbeutung und Unterdrückung wehren können.

Freire hat mehrere Bücher geschrieben, von denen *Pädagogik der Unterdrückten/Bildung als Praxis der Freiheit*[139] in 18 Sprachen übersetzt wurde. Der brasilianische Pädagoge hat die Sozialpastoral Lateinamerikas und die Theologie der Befreiung beeinflusst. Als Lehrer habe ich gerne in seinen Büchern gelesen, in der Hoffnung , dass seine Erziehungsmethode auch bei mir Spuren hinterlasse.

JOSÉ PORTIFIRIO MIRANDA (1924-2001), MEXICO

José Portifirio Miranda, geboren 1924 in Monterrey (Mexiko), tritt bereits mit 13 Jahren in den Jesuitenorden ein. Er studiert Philosophie, Theologie und Wirtschaft in Los Angeles, Rom, Sankt Georgen/Frankfurt und Münster. Ab 1961 lehrt er in Mexiko und wird zum kirchlichen Berater einer Unternehmervereinigung, deren Methoden, mit den Arbeitern umzugehen, er scharf kritisiert. Er steht konsequent auf der Seite der kleinen Leute, der Armen. Er entfremdet sich von seinem Orden, den er mit 47 Jahren verlässt. Nun lehrt er wieder und schreibt. Mit *Marx y la biblia* sowie *Der Kommunismus der Bibel*[140] erlebt er große Erfolge. Miranda vertritt die Auffassung, dass das Neue der Botschaft Christi darin bestehe, „die Gerechtigkeit zum ersten Mal in der Geschichte vollständig ernst zu nehmen." Bis zum Ende seines Lebens unterstützt er die Arbeiter.

ERNESTO CARDENAL (1925-), NICARAGUA

Ernesto Cardenal, geboren 1925 als Sohn einer sehr reichen Familie, hat die Möglichkeit in Nicaragua selbst, in Mexiko, in New York und in Kolumbien zu studieren. 1952, nach einer Europareise schließt er sich in seiner Heimat einer regierungskritischen Jugendbewegung an, bevor er sich zwei Jahre später aktiv an der mißlungenen April-Revolution gegen den Diktator Anastasia Somoza beteiligt. Er muß sein Land verlassen und tritt als 32-Jähriger in ein Trappistenkloster in Kentucky/USA ein. Der Dichtermönch Thomas Merton ist sein Novizenmeister. Aus dieser Zeit stammt *Das Buch von der Liebe,*[141] aus dem ich mir hier erlaube zu zitieren:

„Das ganze Weltall ist Gesang: Lobgesang und Festgesang und Hochzeitsgesang. (…) Wir sind noch nicht im Festsaal angelangt, wir sind aber eingeladen und sehen schon die Lichter und hören schon den Gesang, (…) wir warten hier noch in der Dunkelheit der Nacht auf die Ankunft des Bräutigams, wir sehen aber schon ein Licht in der Ferne und hören einen Lobgesang in der Nacht."

Cardenal ist wissenshungrig, studiert und lehrt in Medellin/Kolumbien. Hier entstehen seine Psalmen, die noch heute als poetische Grundlage der Befreiungstheologie gelten und später in etwa zwanzig Sprachen übersetzt werden. Mit vierzig empfängt Cardenal die Priesterweihe, zieht sich auf die Insel Mancarron zurück, wo er zusammen mit Einheimischen das *Neue Testament* meditiert. Daraus entsteht Das *Evangelium der Bauern von Solentiname,*[142] Ende der siebziger Jahre ein Renner bei linken Christen und Dritte-Welt Engagierten in Deutschland und Luxemburg.

Nach der gelungenen Revolution gegen Somoza wird Cardenal Kulturminister der neuen sandinistischen Regierung. Im März 1983 besucht Papst Johannes Paul II. Nicaragua und maßregelt den rebellischen Geistlichen in aller Öffentlichkeit. Kurz danach wird er als katholischer Priester suspendiert.

Nicht so schnell vergißt man Ernesto Cardenal, den Mann mit dem langen, weißen Haar, der schwarzen Baskenmütze, dem weißen Hemd und den Sandalen, den Marxisten und Christen. Bis vor einigen Jahren tourte er mit der Musikgruppe Grupo Sal durch Deutschland.

Aber auch in Luxemburg trat er regelmäßig auf. Fast eine Pflichtübung, ihm zu begegnen!

Wie oft habe ich mich mit folgenden seiner Gedanken auseinandergesetzt: „Es ist ein Lüge zu behaupten, das Leben sei kurz. Unser Leben ist nicht kurz, sondern ewig, wir wurden nicht geboren, um zu sterben, sondern um zu leben und ewig zu leben.(…) Fürchten wir doch nicht den Tod, wir sterben ja nicht, wir gehen nur in ein vollendeteres, wahreres, lebendigeres Leben über."[143]

Ernesto CARDENALs Bruder FERNANDO (1934-2016) war Jesuit und Befreiungstheologe. Als Anhänger des Sozialismus wird er Bildungsminister der sandinistischen Regierung (1984). Daraufhin wird er 1985 von Papst Johannes Paul II. als Priester suspendiert. Auch muss er seinen Orden verlassen. Fernando wird international bekannt durch seine Alphabetisierungskampagne, die eine halbe Million Menschen erreicht. Nach Beendigung seines Ministeramtes (1990) darf er wieder als Priester arbeiten und wird erneut in den Jesuitenorden aufgenommen.

CAMILO TORRES (1929-1966), KOLUMBIEN

Camilo Torres stammt aus einer der reichsten Familien Kolumbiens. 1954 wird er zum Priester geweiht und setzt seine Studien an der katholischen Universität von Louvain/Belgien fort. Hier werden seine sozialen Vorstellungen entscheidend geprägt. Sein Heimatland sieht er jetzt mit anderen Augen. Er stellt fest, dass dort, wo er lebt, Gewalt herrscht, die auf direkte oder indirekte Weise unzähligen Menschen das Leben kostet. Er möchte unbedingt diese Gewalt aufhalten. Mit friedlichen Mitteln? Ja, aber was tun, wenn diese Sprache nicht verstanden wird? Dann ist der revolutionäre Kampf die einzige Möglichkeit, die Menschenrechte wiederherzustellen. Er findet in den Kommunisten Verbündete. Er fragt sich: „Warum streiten sich die Katholiken…mit den Kommunisten darüber, ob die Seele sterblich oder unsterblich ist, anstatt sich einig zu werden: Der Hunger ist sterblich!" Ab 1965 wird er zunehmend bekannt. Da er aber den Anforderungen seines Erzbischofs nicht Folge leistet, wird er von seinen priesterlichen Funktionen suspendiert. Torres hat in seinem Priesteramt vor allem die Eucharistie, die Verbindung mit Christus, geliebt. Fortan muß er darauf verzichten und wird auf seine Bitte hin in den Laienstand versetzt. Er bereist das ganze Land um seine "christlich-kommunistische Bewegung" zu propagieren und zu organisieren. Im Vorfeld der Wahlen von 1966 gründet er eine Vereinigung, die nahezu die gesamte Linke des Landes vereinigt. Er wird sogar aufgefordert, für das Amt des kolumbianischen Präsidenten zu kandidieren. Torres jedoch schließt sich den Guerillas an. Er möchte den revolutionären Kampf *bis zur letzten Konsequenz*,[144] wie er in letzten Jahren seines Lebens immer wiederholt, durchziehen. Er verschwindet aus dem öffentlichen Leben, um sich in die Berge zurückzuziehen. Im Februar 1966 wird er von einer Militärpatrouille getötet. Ein christliches Begräbnis wird ihm verweigert.

Daniel Viglietti, der berühmte Liedermacher aus Uruguay schreibt:
„Dort, wo Camilo fiel,
wuchs ein Kreuz empor –
doch nicht aus Holz, sondern aus Licht. (...)
Camilo Torres stirbt,
um zu leben." [145]

ADOLFO PÉREZ ESQUIVEL (1931-)

Adolfo Esquivel wird 1931 in Buenos Aires/Argentinien als Sohn eines spanischen Fischers geboren. Er studiert Architektur und entwickelt sich zu einem renommierten Bildhauer und Professor an mehreren Hochschulen. 1968, auf einer Konferenz aller lateinamerikanischen Menschenrechtsgruppen, gründet er mit Freunden die Organisation Serpaj.[146] Dies ist die Reaktion des links orientierten Christen Esquivel auf die politischen und sozialen Verhältnisse in Argentinien. Es ist Esquivels Antwort auf die Verelendung einer breiten Bevölkerungsschicht unter der Herrschaft des Diktators Juan Carlos Ongania. 1974 gibt Esquivel seine Professorentätigkeit auf, um sich ganz auf die Arbeit seiner Organisation und der Koordinierung der lateinamerikanischen Menschenrechtsbewegung zu konzentrieren. Drei Jahre später, nachdem General Jorge Rafael Vidal die Präsidentin Isabel Perón (1974-1976) gestürzt hat und sich als grausamer Diktator entpuppt, muss Esquivel sein Engagement mit Gefängnis und Folter bezahlen. Dank einer Amnesty-Kampagne wird er freigelassen, allerdings für neun Monate unter Hausarrest gestellt. 1980 nimmt er seine Aktivitäten wieder auf und bekommt zur allgemeinen Überraschung den Friedensnobelpreis. Adolfo Esquivel gehört zu den außergewöhnlichen gewaltfreien Widerstandskämpfern unserer Zeit. Sein Motto: Der Frieden ist die Frucht der Gerechtigkeit.

Ich komme nicht umhin darauf hinzuweisen, dass 1977 der US-amerikanische Präsident Jimmy Carter (1977-1981) ein Waffenembargo über Argentinien verhängt. Daraufhin wird die Bundesrepublik zum Lieferanten Nummer eins. Esquivel stellt sich die berechtigte Frage wie es möglich ist, dass sogenannte demokratische Länder Waffen an Diktaturen liefern, die diese zum Mord an der eigenen Bevölkerung benutzen.

LEONARDO BOFF, (1938-) BRASILIEN

Leonardo Boff, der Sohn italienischer Einwanderer, wird 1938 in La Concordia im wilden Nordosten Brasiliens geboren. Mit 26 Jahren wird er zum Priester geweiht und möchte weiterstudieren. Joseph Ratzinger, später Papst Benedikt XVI.,[147] einer seiner Professoren in München, ist von Boffs Arbeit begeistert und unterstützt ihn auch finanziell. Boff kehrt nach Brasilien zurück mit einer anderen Sicht auf die Welt. Es empört ihn, dass man überall auf den Straßen unzähligen armen und verlassenen Leuten begegnet. So hat es Jesus von Nazareth nicht gewollt. Boff stellt sich fortan definitiv auf die Seite der Armen und untermauert es in seinem Werk *Jesus Christus der Befreier*, ein Buch, das mich begeistert. „Wenn man die Evangelien aus der Perspektive der Armen, der Gerechtigkeit und des Mitleids liest, entdeckt man die befreiende Dimension der Praxis und der Botschaft Jesu,"[148] schreibt Boff.

Neben Leonardo Boff und seinem Bruder Clodovis veröffentlichen ab den 1970 Jahren weitere Gelehrte ihre Überlegungen zur Theologie der Befreiung: Hugo Assmann/Bolivien, Juan Luis Segundo/Uruguay, Paulo Suess/Brasilien und Gustavo Gutierréz/Peru. Doch nicht jedermann teilt ihre Ansichten. Ihre Gegner sind die reiche Bourgeoisie, die auf keine Privilegien verzichten möchte und die konservativen Flügel der Kirche. Sie sehen deren Theologie als populären Marxismus an. Selbst Kardinal Joseph Ratzinger zählt jetzt zu den Gegnern von Boff, der angemessene Antworten auf das Elend von Millionen Menschen sucht. 1985 wird ihm von Rom mitgeteilt, er verliere alle kirchlichen Funktionen sowie Rede- und Lehrverbot wegen seines Buches *Kirche: Charisma und Macht.*[149] Sein Verbrechen: Kritik an der autoritären Herrschaftsstruktur der Kirche. Sieben Jahre später wird ihm sogar untersagt, Vorlesungen oder Vorträge zu halten. Daraufhin legt Boff das Amt des Priesters nieder.

Im März 2013 wird Jorge Mario Bergoglio, Erzbischof von Buenos Aires/Argentinien, zum Papst gewählt. Das Oberhaupt der katholischen Kirche fordert eine dienende und arme Kirche. Scharf kritisiert er die mörderische Weltwirtschaft. Boff, der streitbare Theologe und Papst Franziskus sind sich gedanklich sehr nahe. Boff wird vom Papst empfangen, ebenso Gustavo Gutierréz und Jon Sobrino... Damit wird deutlich, dass der Vatikan die Befreiungstheologie nach Jahren der Verunglimpfung und Ausgrenzung rehabilitiert.

Boff sagt vom Sozialismus, er beinhalte die großen Utopien des Herzens. Er setzt die Demokratie mit einer menschlichen Gestalt des Sozialismus gleich. „Ohne Zweifel hat der Sozialismus eine Zukunft", schreibt er „unter der Bedingung freilich, dass er auf dem Wege einer Demokratie zustande komme, die dem Namen entspricht, die dem kleinen Volk gerecht wird, die sich von unten nach oben aufbaut, die möglichst alle mitwirken und mitbestimmen läßt und die für die Unterschiede offen ist. So verstanden ist der Sozialismus eher imstande, die Demokratie auf den Weg zu bringen als der Kapitalismus."[150]

Vor gut 20 Jahren hätte sich die Möglichkeit geboten zu Boff und seinem Wirkungsbereich zu reisen. Gerne wäre ich mitgefahren, um den inzwischen verheirateten, militanten Mann zu erleben. Daraus wurde leider nichts, was ich sehr bedaure.

Müssten wir eine seiner Überlegungen zurückbehalten, dann soll es diese sein:

„Weltweite soziale Gerechtigkeit ist die einzig angemessene Antwort auf den Terrorismus."

KAROLINE MAYER (1943-), Chile

„Man hätte früher diese Frau entweder heiliggesprochen oder verbrannt." *Frankfurter Allgemeine Zeitung*, im September 1983.

Mit einer Delegation des Bettemburger Jugendchors nehme ich 1978 in Duisburg an der Jahresversammlung der Kindernothilfe[151] teil. Dort kommen wir zum ersten Mal mit Schwester Karoline Mayer[152] zusammen, die wir durch die Presse kennengelernt haben. Wir sind von der lebensfrohen, weltoffenen und wagemutigen Frau und ihrem Einsatz für die Menschen der Elendsviertel von Santiago de Chile enorm begeistert. Unser Entschluss: Sr. Karoline müssen wir beistehen. Bis heute dauert unsere Freundschaft, konkretisiert durch die Unterstützung ihrer Fundación Cristo Vive, einem sozialen Werk in Chile, Bolivien und Peru. Karoline hat so manche Mitstreiter der ONG Chiles Kinder, die 1987 aus dem Bettemburger Jugendchor hervorgegangen ist, tief geprägt. Ohne sie wäre unser Leben anders verlaufen.

Karoline Mayer, geboren 1943 in Bayern, will Missionarin in Indien oder China werden. Ihr Orden schickt sie aber nach Chile. Dort darf sie acht Semester an der Universität studieren, mehr nicht. Ihr Traum, Ärztin zu werden geht nicht in Erfüllung. Nahe ihrem Konvent begegnet sie Salvador Allende, dem Staatspräsidenten (1970-1973). Sie kommen ins Gespräch. Sie verstehen sich gut. Er bietet ihre eine Stelle in einem seiner Ministerien an. Doch sie will parteipolitisch nicht gestempelt sein. Was aber nicht verhindert, dass sie, sobald sie mit den Menschen der Armenviertel arbeitet, die „rote" Schwester genannt wird.

Kurze Zeit nachdem Diktator Pinochet (1973-1990) seine Schreckensherrschaft in Chile ausgebreitet hat, zieht Karoline in eine Bretterbude bei den Armen ein. 1991 verlegt sie ihren Wohnsitz in die Arbeitersiedlung Quinta Bella. Dort wohnt sie zusammen mit Maruja, einer chilenischen Schwester und zwei adoptierten Mädchen, die aber heute mit ihrer eigenen Familie anderswo leben. Karoline teilt das Leben der Unterdrückten, macht ihnen bewusst, dass auch sie ein Recht haben menschenwürdig zu leben. Eine solche Erziehung zu wagen ist gefährlich. Morddrohungen und andere Einschüchterungsversuche seitens der Regierung, hindern sie nicht daran Jesus Christus den Befreier zu verkünden. Sie bekennt: „Wer befreit ist, lässt sich nicht mehr versklaven." Für sie gibt es eine starke Verbindung zwischen Glauben und Gesellschaft, zwischen sinnlicher Erfahrung und politischem Engagement. Karoline betet und kämpft. Sie erlebt, wie die Arbeitslosigkeit die Menschen mürbe macht, wertlos und überflüssig, wie sie den Egoismus nährt und viele menschlichen Werte zertritt. Sie warnt vor dem Neo-Liberalismus, der den Graben zwischen Arm und Reich vergrößert.

Wir freuen uns immer wieder, Post von Karoline zu erhalten. Ihr Brief vom Dezember 1981 hat auch heute an Aktualität nichts eingebüßt. Wir müssten den Einsatz vertiefen, schreibt sie, denn der letzte Sinn ihrer Arbeit sei die *Frohe Botschaft*, die Welt zu verwandeln, die Menschen zur Umkehr zu bringen, Reich Gottes zu schaffen. Wenn das nicht geschehe, stimme irgendwas nicht, und wir müssten uns fragen, was mit uns Christen los sei, was mit der Frohen Botschaft geschehen sei, warum Nietzsche das Frohsein der Christen vermisst habe. Karoline fragt weiter in diesem Brief, den sie mir vor 36 Jahren geschickt hat : „Warum mußte in einer „christlichen Welt" Marx anfangen für soziale Gerechtigkeit zu kämpfen? Warum schreit die Französische Revolution – und nicht die Christenheit – nach Freiheit, Gleichheit und Brüderlichkeit, den fundamentalen Prinzipien der Menschwerdung Gottes, dem Geheimnis der Heiligen Nacht: Er ist uns in allem gleich geworden, um uns zu befreien…damit wir einander lieben. Was können wir tun?" (…)

Bei meinem ersten Besuch in Santiago de Chile habe ich die Freude, außergewöhnlichen Menschen zu begegnen, so CLOTARIO BLEST (1899-1990)[153] und JOSÉ ALDUNATE LYON (1917-), beide Verteidiger der Rechte der Arbeiter und der unterdrückten Bevölkerung.

Auch lernten mein Freund Jean-Paul Hammerel und ich Karolines wichtigsten Wegbegleiter dort kennen: MARIANO PUGA (1917-).[154] Der große, schlanke Mann mit dem weißen Haar stammt aus einer steinreichen Familie mit aristokratischen Wurzeln. Seine Familie sieht in ihm einen zukünftigen Bischof. Puga wird tatsächlich Priester, aber den Wunsch seiner Angehörigen erfüllt er nie. Er fühlt sich zu den kleinen Leuten hingezogen, zieht deshalb in ein Armenviertel um und verdient seinen Lebensunterhalt als Anstreicher. Eine Eucharistiefeier mit Puga, dem Arbeiterpriester als Gemeindevorsteher und als Akkordeonist, bleibt ein unvergessliches Erlebnis.

Karoline hat viele Mitstreiter. Auch unter den Reichen, die sich, wie sie sagt, zu den Armen bekehrt haben. Nicht alle sind Christen. Nicht alle sind Gläubige. Karoline vereint Menschen, die sich gewaltlos gegen die Erniedrigung der Menschen durch die Menschen einsetzen. Tagtäglich ist sie mit dem Elend konfrontiert und wehrt sich dagegen, indem sie Menschen aufrichtet, die tief im Dreck stecken. Unzählige Kinder, Frauen und Männer der Armenviertel lieben diese zierliche Schwester mit den blauen Augen. Aber auch so manche Leute aus den Reichenvierteln mögen sie und unterstützen ihre Vision: „Friede wird, wenn der Reiche den Armen umarmt." Auch 38 Jahre nach unserer ersten Begegnung hat Karoline, 74 Jahre jung, von ihrem Engagement aber auch von ihrer Fröhlichkeit nichts eingebüßt. Wenn man sie fragt, wieso dem so ist, antwortet sie lächelnd und ohne zu zögern: „Das Geheimnis ist immer die Liebe."[155]

CHRISTEN FÜR DEN SOZIALISMUS (CfS)

Im Herbst 1970 wählt Chile einen neuen Präsidenten. Die USA, die in Lateinamerika die Fäden ziehen, möchten auf keinen Fall Salvador Allende, den sozialistisch-kommunistischen Kandidaten der Volksfront als Staatschef. Obschon sie durch ihren Geheimdienst CIA alles tun, um Allende politisch zu vernichten, wird dieser sozialgesinnte Politiker Präsident. Auch die Parteienlandschaft erfährt in Chile eine Neuerung. Die Christdemokraten bleiben wohl bestehen, aber aus dieser Partei entwickelt sich die neue Bewegung der Izquierda Cristiana/Linkschristen, die den charismatischen Präsidenten unterstützt. Der chilenische Klerus spaltet sich. Die Amtskirche hat andere Prioritäten als die Priester und Schwestern, die in Armenvierteln arbeiten. Die Gegebenheiten sind günstig für die linken Christen, die im April 1972 die Bewegung der CfS (Cristianos por el socialismo) in Santiago gründen. Achtzig Priester, die bereits Monate vorher den Kongress vorbereitet haben, versammeln sich zu diesem Anlass, unter ihnen Gustavo Gutierréz, einer der Väter der Befreiungstheologie. Sie publizieren eine Erklärung, in der sie sich zum Sozialismus bekennen. Die sozialistische Wirtschaft garantiere die soziale Kontrolle über die Produktionsmittel und ermögliche eine autonome Entwicklung. So werde die Spaltung der Gesellschaft in verschiedene Klassen überwunden. Auch Chiles Präsident Salvador Allende sieht die Trennlinie in der Gesellschaft nicht zwischen Christen und Marxisten, sondern zwischen Ausbeutern und Ausgebeuteten. Aus dem Papier der 80 Priester, das allerdings von den meisten chilenischen Bischöfen abgelehnt wird, geht klar hervor, dass sie sich für den demokratischen Sozialismus einsetzen. Warum?

FERNANDO CASTILLO,[156] den ich in den neunziger Jahren in Santiago de Chile kennengelernt habe, schreibt dazu, der tiefe Grund dieses Engagements sei der Glaube an Jesus Christus, der sich den geschichtlichen Umständen entsprechend vertieft, erneuert habe und Gestalt annehme. Christ sein heiße solidarisch sein. In dieser Zeit in diesem Land solidarisch sein, heiße, sich am Geschichtsprojekt zu beteiligen, das das chilenische Volk sich vorgenommen habe. Gefragt weshalb er die CfS unterstütze, antwortet der viele Jahre in Chile tätige evangelische Bischof Helmut Frenz,[157] er wisse zwar nicht, ob im Reich Gottes sozialistische Strukturen herrschen, doch habe er die feste Überzeugung, dass es keine kapitalistischen sein könnten. Frenz ist auch vierzig Jahre später davon überzeugt, dass das demokratisch sozialistische Modell das beste gewesen sei, um eine neue Gesellschaft aufzubauen.

In der chilenischen Hauptstadt tagt im April 1972 die dritte UNCTAD-Konferenz der Vereinten Nationen. Gleichzeitig versammeln sich die CfS. Diesmal kommen katholische und evangelische Christen zusammen: Priester, aber auch Bischöfe und Ordensschwestern neben Landarbeitern, Professoren und Studenten. Die meisten der 400 Anwesenden sind aus Lateinamerika angereist, einige Beobachter auch aus den USA, aus Kanada und Europa. Sie kommen zu dem Entschluss, dass der Sozialismus die einzige Alternative zur Überwindung der Klassengesellschaft sei.

Der Musiker Ulli Simon, der lange Jahre in Chile gelebt hat, schreibt in seinem Buch *Septembertage*: „Es war die Hoffnung, die wir Jugendliche in den Aufbau einer endlich gerechteren Gesellschaft setzten. (…) Ich lernte den Sozialismus als eine christliche Form der Organisation des Volkes kennen."[158]

Dem verheißungsvollen Aufbruch wird am 11. September 1973 ein jähes Ende gesetzt. General Pinochet, von Präsident Allende als loyaler Offizier eingeschätzt, fällt seinem Vorgesetzten in den Rücken und putscht gegen ihn. Er darf dabei auf die Unterstützung der USA rechnen. Die CfS können sich nur noch im Untergrund treffen und beschließen, sich als Bewegung aufzulösen. Viele CfS Mitglieder müssen ihr Land verlassen, fliehen nach Europa, um dort bei der Bildung von neuen Gruppen ihre Erfahrung einzubringen. Begegnungen europäischer Christen für den Sozialismus finden im selben Jahr in Avila/Spanien und Lyon/Frankreich statt. Anfang 1974 schließen sich sozialistische Christen im Collectif de Genève zusammen. Sie wollen hauptsächlich den Kampf gegen die Ausbeutung des Menschen durch den Menschen in Kirche und Gesellschaft in Angriff nehmen. In den folgenden Jahren werden neue Gruppen gegründet und Seminare der europäischen CfS abgehalten. Hervorzuheben sind ebenfalls die mit den CfS verbundenen Basisgemeinden, die überall in Europa Wirklichkeit werden.

Neben der CfS soll auf die 1972 gegründete Gruppe Sacerdotes para el Pueblo/ Priester für das Volk hingewiesen werden, die sich aus Weltpriestern, Ordensleuten und Laien zusammensetzt. Sie outen sich in einem Dokument, indem sie eindeutig den Kapitalismus ablehnen, sich zum Sozialismus bekennen und sich im Kampf des Volkes engagieren.[159] Auch sie bekommen den rauen Gegenwind des Vatikans zu spüren. Die konservative Fraktion der Kirche behält einmal mehr die Oberhand und schafft es, die aufmüpfige Bewegung zu einer Quantité négligeable zu machen.

ZEUGNISSE

ZEUGNIS VON KAROLINE MAYER (SANTIAGO DE CHILE)

Auf Jesu Spuren... als Christin und Sozialistin

Die wunderbaren Wege Gottes! Ich muss gestehen, dass ich als junger Mensch die Sozialenzykliken der Päpste und auch den Begriff „soziale Gerechtigkeit" kannte. Kirchenmänner, wie den Bischof W. Emmanuel Ketteler, den berühmten Adolph Kolping und auch den Arbeiterführer Ferdinand Lasalle habe ich als Sozialapostel verehrt. Ich hatte mich mit der Philosophie von Karl Marx befasst, seinen leidenschaftlichen Einsatz für die ausgebeuteten Proletarier bewundert, hatte jedoch, wie viele meiner Mitmenschen, Angst vor seiner Sicht der Religion als Opium für das Volk.

Aber richtig mit sozialen Situationen hatte ich mich nie beschäftigt. Dabei muss ich gestehen, dass ich in den 50er Jahren öfters beobachtet und gehört habe, wie Knechte und Mägde auf den Bauernhöfen ihre Kündigung androhen mussten, um 10 Mark mehr Lohn zu bekommen. Nie habe ich von der Kanzel eine Predigt über soziale Gerechtigkeit gehört.

Erst an der Staatsuniversität in Chile wurde ich plötzlich vom Thema der sozialen Ungerechtigkeit überrascht. Die Studenten sprachen von der im Land herrschenden Klassengesellschaft als Erbe der Kolonialgeschichte. Viele Kommilitonen bekannten sich als Christen und Marxisten, andere als „reine Marxisten", aber miteinander befassten sie sich mit den sozialen und politischen Strukturen des Landes, die ungeheure Armut und Ungerechtigkeit erzeugten. In einem Land, das besten Ackerboden, ein reiches Meer und unermessliche Bodenschätze hat, dessen Reichtum sich aber konzentriert in den Händen einer Oberschicht befand, die gleichzeitig das Land regierte! Ich konnte nur feststellen, dass es in Chile, wie in den meisten lateinamerikanischen Ländern nach der Kolonialzeit, eine Klassengesellschaft gab, die sich in der Zeit, in der ich in Chile ankam, auf dem Weg einer „Revolution in Freiheit" befand.

1964 war überraschend die Christdemokratische Partei an die Regierung gekommen, die eine christlich-sozialistische Orientierung hatte. Der große Sozialapostel Alberto Hurtado[160] und sein Lehrer Fernando Vives, beide Jesuiten, hatten bei den Bischöfen und den Studenten ihre Spuren hinterlassen. Der katholische Arbeiterführer und Gründer der Einheitsgewerkschaft CUT, Clotario Blest (dafür 23 Mal im Gefängnis), respektiert von Fidel Castro, Che Guevara, Nikita Chruschtschow und Mao Zedong, kämpfte unermüdlich im Namen Jesu, dem Zimmermann von Nazareth, für die Rechte der Arbeiter.

Meine innere Berufung, die mich in den Steyler Missionsorden geführt hatte, war mein Lebenstraum, den Armen in China oder Indien die Frohe Botschaft von Jesus zu bringen und die Kranken zu heilen. Ich wollte zu den Armen, hatte mich aber nicht mit den Ursachen der Armut beschäftigt. Plötzlich überkam mich die schreckliche Erleuchtung, dass der größte Teil der Armut und des Elends von Menschen von der Gesellschaft erzeugt wird und die Ursachen in den gesellschaftlichen, politischen, sozialen, wirtschaftlichen, kulturellen und religiösen Strukturen des Landes zu suchen sind. Eines Tages werde ich in eine Holzhütte mit Erdfußboden geschickt: 18 m² groß, zwei ärmliche Betten, ein Tisch, ein paar Stühle und eine Art Büfett. Auf einem der Betten schwitzt ein abgemagerter siebenjähriger Junge. Er hat hohes Fieber… wahrscheinlich Typhus.

In der Sorge um den schwerkranken Kleinen eilen wir mit ihm und seinen älteren Geschwister zur staatlichen Krankenstation. Dort werden wir professionell bestens behandelt und kehren nach mehreren Stunden mit den Medikamenten für die nächsten Tage zurück und mit dem Auftrag, für den Kranken eine große Tasse Reis in Salzwasser zu kochen. Ich erfahre, dass die Familie schon zwei Jahre hier wohne, der Hausvater sich schon morgens um sechs auf den Weg mache, um in einer bekannten, reichen Baufirma zu arbeiten. Er verdiene aber leider so wenig, dass es mit den vier Kindern nicht zum Leben ausreiche.

Gerade in dieser Zeit lud mich der französischer Arbeiterpriester Luis Chiotti, der in diesem Armenviertel lebte, zu einer Versammlung in eine Hütte ein, um mit den Armen in der christlichen Basisgemeinde die *Frohe Botschaft* zu lesen und sie für ihr Leben zu deuten und umzusetzen.

Da hörte ich Jahve, den Gott Israels, zu Moses sagen: „Ich habe die Unterdrückung meines Volkes in Ägypten gesehen und bin herabgestiegen, es zu befreien." Die Leute identifizierten sich mit den Unterdrückten. Sie sprachen über die harte Arbeit unter schlechtesten Bedingungen, den oft zehnstündigen Arbeitstag und den ungerechten Lohn. Plötzlich spürten sie, dass Gott auf ihrer Seite war und erkannten, dass er „heruntersteigen" wollte, um sie zu befreien. Sie verstanden auch, dass sie etwas dafür tun mussten, etwas dafür einsetzen, um die Strukturen der Unterdrückung in ihrem Land zu verändern. Bald hörten wir dann auch den Propheten Isaias, der im 58. Kapitel im Namen Gottes jene anklagt, die ihre Arbeiter bedrängen und misshandeln: Gott an der Seite der Schwachen und Unterdrückten! Das war unerhört: immer hatten sie geglaubt, dass Gott auf der Seite der Reichen war und Reichtum eine Belohnung Gottes bedeutete, während er sie, die Armen, für ihre vielen Sünden bestrafte.

Während ich anfing die Botschaft Jesu zu verstehen, der gekommen war, den Armen die Frohe Botschaft zu verkünden, die Unterdrückten zu befreien, den Blinden das Augenlicht zu geben und das Gnadenjahr des Herren anzusagen, bedeutete das für mich, mein Leben einzusetzen im konkreten Dienst an den Menschen in Armut.

Gleichzeitig sah ich, wie die Kirche in Chile eine pastorale Wende hin zu den Armen machte. Verschiedene Bischöfe hatten sich die Sorge des Papstes Johannes XXIII. und des Konzils zu Herzen genommen und den *Katakombenpakt*[161] kennengelernt oder sogar unterschrieben. Dazu kam der peruanische Theologe Gustavo Gutierréz, der Gründer der Theologie der Befreiung, mit seinem Aufruf hinzuschauen und zu analysieren, was die Träger der christlichen Religion den Urvölkern Lateinamerikas gebracht haben an Tod und an Strukturen der Unterwerfung, Ungerechtigkeit, Ausbeutung und Unterdrückung. Eine neue Wirklichkeit tat sich mir auf: ich wurde politisch, im Herzen Sozialistin. In meinem Einsatz für die Würde der Armen, für Gerechtigkeit und Gleichheit der Menschen galt es zu erkennen, wie die in unseren lateinamerikanischen Ländern herrschenden Klassengesellschaften politische, wirtschaftliche und kulturelle Strukturen geschaffen haben, die Unterdrückung und Ausbeutung im gesellschaftlichen Leben verankern. Ein Teil der katholischen Kirche in Chile begann die Zeichen der Zeit zu erkennen und sich für die Armen zu entscheiden. Es entstand die Vereinigung Christen für den Sozialismus.

Ich habe miterlebt, wie das chilenische Volk gleichzeitig mit größter Anstrengung versucht hat, zunächst mit einer christdemokratischen[162] und danach mit einer sozialistischen[163] Regierung, soziale Gerechtigkeit im Lande durchzusetzen, wie diese aber wenige Jahre später grausam zerschlagen und deren Vertreter umgebracht oder verfolgt wurden. Bei der Verteidigung der Menschenrechte und der Rechte der Armen wurde ich als Sozialistin oder Kommunistin beschimpft.

Andererseits erhielt ich Ermutigung von Menschen aus Europa, die mich und meine Mitarbeiter bestärkten, den gewaltlosen Kampf gegen Unrecht, Verfolgung und Armut fortzusetzen. Unter ihnen war Michel Schaack, Christ und – im Herzen – Sozialist, der unermüdlich Schüler und Jugendliche begeisterte, über Luxemburg hinaus sich für eine gerechtere Welt einzusetzen und eine Organisation – heute Niños de la Tierra – aufzubauen, die uns seit 40 Jahren beisteht, Elend und soziale Ungerechtigkeit in unseren Ländern zu überwinden. Zusammen mit ihm träumen wir weiter den Traum des Reiches Gottes, einer Welt des Friedens und der Gerechtigkeit für alle Menschen.

Indessen versuchen wir heute gemeinsam mit vielen Menschen in Lateinamerika, die Prinzipien der Theologie der Befreiung in die Praxis umzusetzen. Wir kämpfen für gerechte, demokratische Strukturen in unseren Ländern, gegen den neoliberalen Wirtschaftskapitalismus. Unsere Methode ist: Sehen – Urteilen – Handeln nach den Grundsätzen der Frohen Botschaft Jesu.

ZEUGNIS VON GUY FRANTZEN (BETTEMBURG/LUXEMBURG)

Ich bin jetzt schon über 50 Jahre Mitglied der Letzebuerger Guiden a Scouten.[164] Folgendes Zitat von Baden Powell (1857-1941), dem Gründer der Pfadfinderbewegung hat mich ein Leben lang geprägt: „Versucht diese Welt ein wenig besser zu verlassen, als ihr sie vorgefunden habt."

Die Welt ein wenig besser zu verlassen, als man sie vorgefunden hat, müsste eigentlich das Ziel eines jeden Politikers sein, der das Vertrauen, das ihm der Wähler entgegengebracht hat, ernst nimmt. Auch wenn ich für eine strikte Trennung von Religion und Politik bin, sind es doch so manche Werte, die den Sozialismus mit dem Christentum verbinden. Es sind die Grundwerte wie Gleichheit, Gerechtigkeit und Solidarität für das diese beiden 'Institutionen' stehen. Es ist kein Zufall, dass es zur Zeit des Nationalsozialismus in Deutschland hauptsächlich Kommunisten, Sozialisten und Pfarrer waren, die während der ersten Säuberungswelle in Lagern weggesperrt oder/und umgebracht wurden, da sie es waren, die sich mit ihrer Zivilcourage für ihre Mitbürger in Not einsetzten und die Gefahren dieses autoritären Regimes erkannten und bekämpften. Meiner Meinung nach wäre der aktuelle Papst Franziskus ein gutes Beispiel, wie die Werte des Sozialismus und des Christentums, in unserer doch schwierigen Zeit, ineinanderfließen.

ZEUGNIS VON KLAUS JENSEN UND MALU DREYER (TRIER/DEUTSCHLAND)

Christen sein und als praktizierende Katholiken den Glauben an Gott, die Botschaften des Evangeliums zu leben und gleichzeitig Sozialdemokratin und Sozialdemokrat zu sein, das ging in der Vergangenheit gar nicht, war ein „no-go", im besten Fall ein schweigend zur Kenntnis genommener, geduldeter Umstand. Eindeutig die Jahrzehnte andauernden Empfehlungen von den Kanzeln, nur die zu wählen und damit politische Verantwortung anzutragen, die das Wort „christlich" in ihrem Parteinamen tragen, unabhängig davon, wie diese den damit verbundenen Ansprüchen gerecht wurden. Dies hat sich, Gott sei Dank, geändert. Heute wissen wir uns als Christen auch in der Sozialdemokratie zuhause, motiviert und geleitet durch die Grundwerte des Evangeliums.

Unser Denken, Fühlen und Handeln speist sich dabei zuallererst aus der Bergpredigt, der wohl wichtigsten Predigt der Weltgeschichte. Aus ihrer zentralen Forderung nach Nächstenliebe und Barmherzigkeit erwächst eine ständige Herausforderung an unser persönliches und politisches Handeln. Ja, sie ist kein Wahlprogramm, gibt keine konkreten Anweisungen, wie einzelne gesellschaftliche Probleme gelöst werden können. Aber sie gibt uns Orientierung, leitet uns in der Entscheidungsfindung, bestimmt unser Verhältnis, unsere innere und äußere Beziehung zu den Menschen, für die wir uns einsetzen und für die wir Politik machen.

Solidarität und soziale Gerechtigkeit sind unsere weltlichen Übersetzungen von Nächstenliebe und Barmherzigkeit. Solidarität mit den Benachteiligten, Ausgestoßenen, Leidenden, den Abgehängten, den um ein würdiges Leben ringenden Menschen spiegelt praktizierte Nächstenliebe. Und erst soziale Gerechtigkeit, die gleiche Chancen für alle eröffnet, an Bildung, Arbeit und gesellschaftlicher Teilhabe ist Ausdruck einer Barmherzigkeit, die eine innere Haltung zu unseren Mitmenschen strukturell umsetzt. Ohne soziale Gerechtigkeit und damit auch ohne Rechtsansprüche, die ein würdiges Leben ermöglichen, kann es keine Barmherzigkeit geben.

Das Zeugnis von Papst Franziskus, täglich die „Option für die Armen" zu ziehen, berührt und ermutigt uns. Wir durften in einem persönlichen Gespräch mit ihm am Beispiel der Flüchtlingsfrage erfahren, wie zugewandt und in der Sache klar er deutlich macht, dass diese Option für uns alle nicht zum Nulltarif zu haben ist. Gerade in Zeiten, wo der Mainstream das Leiden von Millionen Flüchtlingen ignoriert, zeigt er uns deutlich, was mit Nächstenliebe und Barmherzigkeit gemeint ist.

Für Gott ist jeder Mensch unendlich wertvoll. Politisches Handeln von Christen für das Wohl der Menschen bedeutet daher auch, sich in den Dienst Gottes zu stellen. Dabei gelangen wir immer wieder an unsere Grenzen, spüren oft schmerzlich die von Max Weber[165] formulierte Unterscheidung zwischen Verantwortungs- und Gesinnungsethik mit all ihren innewohnenden Zielkonflikten.

Politik ohne Kompromisse ist nicht denkbar, aber der Kompromiss muss ethisch zu rechtfertigen sein. Gerade für Christen muss es ein zentrales Anliegen sein, den scheinbaren Gegensatz von Verantwortung und Gesinnung, wenn schon nicht aufzulösen, dann wenigstens so weit als möglich zu minimieren. Von der Schwere der Aufgabe wollen wir uns dabei nicht entmutigen lassen, sondern im Vertrauen auf Gottes Hilfe den nächsten Schritt gehen.

Die Bergpredigt gibt uns Hinweise, wie sich unser Miteinander in den persönlichen, lokalen, nationalen und globalen Beziehungen entwickeln kann. Jesus weist uns den Weg. Wie das Gebot der Nächstenliebe politisch umgesetzt werden kann, haben uns Mahatma Gandhi[166] und Nelson Mandela[167] gezeigt. Gandhi, ein Hinduist, hat mehrfach den Einfluß der Bergpredigt auf sein Denken und Handeln im gewaltfreien Kampf für die Unabhängigkeit Indiens beschrieben.

Solidarität, soziale Gerechtigkeit, Frieden und die Bewahrung der Schöpfung beschreiben die zentralen Anliegen der Sozialdemokratie. Ziele, für die es sich für uns als Christen zu kämpfen lohnt, immer wieder neu und inspiriert durch die Bergpredigt.

AUSBLICK

Am Ziel meiner Reise sei es mir erlaubt, eine Schlussfolgerung zu ziehen.

Reisen bildet, soll schon Immanuel Kant[168] gesagt haben. Ich habe jedenfalls erfahren, dass, allen Unkenrufen zum Trotz, Christentum und Sozialismus sich nicht ausschließen, im Gegenteil, sie liegen gesellschaftspolitisch ganz nahe. Für mich ist auch klar, dass ein Christ, der einer sozialistischen Partei beitritt, kein „Ketzer" ist, genauso wie ein Sozialist, der sich zu Jesus von Nazareth bekennt, kein Verräter ist. Man ist halt an diese Konstellationen nicht gewöhnt, besonders bei uns in Luxemburg und wird dann als ein Sonderling betrachtet. Was soll's, wenn es dazu beiträgt, der Gesellschaft neue Kraft zu geben und mitzuhelfen, das Gleichgewicht wieder herzustellen?

Ich kann die herrschende Ungleichheit nicht einfach so hinnehmen. Der Hunger in der Welt, ein zum Himmel schreiender Skandal auf unserm Planeten, der grenzenlos Nahrungsüberschuss produziert, revoltiert mich. Zwar hat der Anteil unterernährter Menschen erfreulicherweise weltweit stark abgenommen. Dennoch sind 795 Millionen[169] Kinder, Frauen und Männer tagtäglich vom Hunger betroffen und viele von ihnen sterben einen grausamen Tod. Der argentinische Schriftsteller Martin Caparrós,[170] der fünf Jahre lang unsern Globus bereiste und Hungergebiete besucht hat, klagt das Versagen der Großen Politik und den Egoismus der Nimmersatten an. In deren Kalkulation spielen Millionen Menschen keine Rolle. Auch Papst Franziskus kritisiert scharf die globale Gleichgültigkeit.

Viele versuchen dem Hunger, der Armut, der Unterdrückung, den brutalen Klimabedingungen zu entgehen, indem sie flüchten. Die UN-Flüchtlingsorganisation berichtet, dass Anfang 2016 über 63 Millionen Menschen[171] auf der Flucht waren. Wegen des Klimawandels könnten sich im Jahr 2050 sogar 200 Millionen Menschen auf den Weg machen.

Auch die Europäische Union, die auf Basis von christlichen Werten gegründet wurde, hat große Sorgen. Nahezu ein Viertel der Bevölkerung der EU, etwa 119 Millionen Menschen, ist von Armut und sozialer Ausgrenzung bedroht. Für Kinder bedeutet dies: schlechtere

Bildungschancen mit all ihren Konsequenzen. Deshalb fordern Europas Bischöfe die EU auf, die Bekämpfung dieser dramatischen Zustände in den Mittelpunkt ihres politischen Handelns zu stellen (Dezember 2016).[172]

Pierre Rosanvallon, der bestbekannte französische Historiker weist in seinem vielbeachteten Buch *Die Gesellschaft der Gleichen*[173] nach, dass die wirtschaftliche Ungleichheit ungebremst weiter geht. Auch Branko Milanovic, der frühere Ökonom der Weltbank, stellt für die Länder der OECD folgendes fest: Die Arbeiterschaft und die Mittelschichten in den wohlhabendsten Mitgliedsländern haben durch die Globalisierung an Wohlstand und Sicherheit eingebüßt. Ob in den Vereinigten Staaten oder in Europa: An der Spitze der Gesellschaft entsteht eine neue Klasse von Plutokraten, deren Reichtum unfassbare Dimensionen angenommen hat.

Die Demokratie ist angefressen, sie ist vom Fieber geschüttelt.[174] Der Begriff Gerechtigkeit ist aber in aller Munde. Im Fernsehen, in unsern Zeitungen.

Gerechtigkeit hat Priorität, sagen alle. Wirklich? Dann kann es bspw. nicht sein, dass in einer Familie, wo Mann und Frau arbeiten, deren zwei Gehälter zusammen nicht genügen, um ein dezentes Leben zu führen.

Warum wurde ein Donald Trump Ende 2016 zum US-Präsidenten gewählt? Viele Wissenschaftler sehen darin die Rache der Abgehängten. In den Vereinigten Staaten besteht nämlich die soziale Ungleichheit nicht erst seit der jüngsten Wirtschaftskrise, sondern hat sich in den letzten Jahren sogar noch verschärft. Es ist schon ein starkes Stück, wenn Menschen in Lumpen gekleidet, sich von einem Milliardär und Haudegen wie Trump eine bessere Zukunft erwarten.

Wer behauptet, einfache Lösungen zu schweren Problemen zu haben, kommt bei verzweifelten Menschen gut an. Europas Populisten oder Rechtsradikale wittern ihre Chance. Die Alternative für Deutschland (AfD), der Front National (FN) in Frankreich, Gert Wilders und Victor Orbáns Parteien in den Niederlanden bzw. in Ungarn und die UKIP-Partei in Großbritannien sind aber gefährlich für die Demokratie…

Wir haben das Glück, in einem demokratischen Rechtsstaat zu leben. Ich habe hierin ein wertvolles Leben führen können. Gerne singe ich mit der chilenischen Folksängerin Violeta Parra:[175]

Gracias a la vida...Dank dem Leben, das mir so viel gegeben.

Dabei weiß ich, dass noch lange nicht alle Menschen dies von sich sagen können, dass viele, viele Menschen weltweit, auch in Europa, abgehängt sind. Abbé Pierre, lange Jahre einer der beliebtesten Franzosen, hat einmal geschrieben: „Oublier la misère, c'est tuer la démocratie/ Das Elend vergessen, heißt die Demokratie zerstören."[176]

Die Demokratie ist unsere Regierungsform. Sie ist zwar nicht perfekt, aber die beste aller Staatsformen. Verbessern wir sie unbedingt, selbst wenn es uns etwas kostet.

Ich habe eine Vision, die die deutsche Schriftstellerin Christa Peikert-Flaspöhler folgendermaßen umreißt:

„Gib uns Hunger Gott, Hunger nach Gerechtigkeit für die Menschen aller Zonen, weil wir satt im Sklavenland unseres Habens wohnen, mach uns frei, mach uns frei.

Dass wir sehen, was der Arme sieht, dass wir spüren, wie der Hunger brennt, dass wir wahre Menschen werden."

Warum nicht versuchen, mit all unserer Kraft, die an den Rand Gedrängten wieder ins Boot zu holen? Dies ist fürwahr nicht einfach. Wir lösen diese Aufgabe auch nicht in einigen Tagen. Wir lösen sie auch nicht allein. Wir lösen sie zusammen mit andern Humanisten, ob gottgläubig oder nicht. Wir brauchen einer den andern. Allein schaffen wir es nicht. Die Gesellschaft wird letztlich von der Liebe zusammengehalten. Dies bezeugen die Frauen und Männer, von denen in diesem Buch die Rede ist.

Ich bin mir bewusst: „ Noch ist es dunkel, aber ich singe, weil der Tag bald kommt." Wie oft habe ich diesen wunderbaren Satz von Thiago de Mello[177] zitiert, Ende 1988, beim ersten Besuch unserer ONG Chiles Kinder in den Elendsvierteln von Santiago de Chile. Ob 30 Jahre später sich dort etwas geändert hat? Ganz sicher! Weil von verschiedenen Seiten der Kampf gegen die Armut intensiviert wurde, zwar nicht entscheidend aber immerhin...

La lucha continua siempre, sagen die Südamerikaner. Der Kampf muss ständig weitergehen. Ja! Unbedingt! Sonst werden sich sich die Zukurzgekommenen einem Heilsbringer in die Arme werfen!!

ANHANG

DANKESWORTE

Meine lange Reise ist beendet. Ob ich den Weg allein zurückgelegt habe? Nein! FreundInnen haben mich begleitet, die einen, ein Teil der Strecke, die andern die ganze Strecke. Im Nachhinein bin ich dafür sehr dankbar. Ohne sie hätte ich es nicht geschafft!! Sie alle seien herzlichst umarmt.

Für ihre technische Hilfe geht mein Dank an Maggy Eisenlöffer-Juncker, Annette Meyrer-Kickert, Fritz Oth, Théo Péporté, Annika Polivka, Regine Polivka-Petersen und die Verantwortlichen des Bettemburger Pfarrbüros. Mit dem Text setzten sich auseinander: Germaine Goetzinger, Hubert Hausemer, Chantal Kieffer-Hennico und Edmée Marson*. Ein dem Titel des Buches angepasster Cover entwarf, wie schon bei meiner ersten Publikation, Eliane Morroni-Theisen. Bearbeitet wurde der Buchmantel von Théo Péporté, der mir beim Fertigstellen von *Christ und Sozialist*, Ende September 2017 eine enorme Hilfe war.

Bereits zu Beginn der 5. Bettemburger LiteraTour-Wochen im März 2017 und an einem für Jean Back und für mich von der Bettemburger Sängerfreed[178] organisierten Abend, hatten wir die Gelegenheit aus unsern Büchern vorzulesen. Fürwahr eine aufmunternde Geste!

Mein großer Dank gilt ebenfalls Michael Ramminger aus Münster für die Zusendung seiner Biografie. Auch bin ich Guy Frantzen, Klaus Jensen und seiner Gattin Malu Dreyer sowie meiner „ewigen" Begleiterin Karoline Mayer dankbar für ihr Zeugnis, wie Christentum und Sozialismus ineinander fließen können. Last but not least sei meine Frau Fernande erwähnt, die einmal mehr große Geduld mit mir haben musste.

---

* Am 19. August 2017 ist meine langjährige Freundin Edmée Marson gestorben. Sie hat ein Jahrzehnt - mit bewundernswertem Mut - gegen eine heimtückische Krankheit gekämpft. Das hat sie nicht daran gehindert, mir eine liebenswürdige Gesprächspartnerin und Beraterin zu sein. Nun ist sie heimgekehrt in ihr ewiges Haus.

ANMERKUNGEN

Folgende Quellen zur Geschichte sind vor allem benutzt worden: *Chronik des Christentums*. München: Bertelsmann, 1999; *Duden: Geschichte*. Basiswissen Schule, Berlin: Dudenverlag, 2007; Krell Christian (Hg.): *Vordenkerinnen und Vordenker der Sozialen Demokratie*, Bonn: Dietz-Verlag, 2015; Winkler Heinrich: *Geschichte des Westens* (zwei Bände). München: Verlag C.H.Beck, 2013 bzw. 2014; Reitz Rüdiger: *Christen und Sozialdemokratie*: Stuttgart: Radius Verlag, 1983.

1   Herausgeber: *Bund der religiösen Sozialistinnen und Sozialisten Deutschlands e.V.*, gegründet 1919/1926.
2   Der Bettemburger Jugendchor wurde im November 1969 von Abbé René Reuter gegründet. Sein Nachfolger im Jahr 1972: Michel Schaack. Im November 1994 stellte der Chor seine Aktivitäten ein. Neubeginn unter Michel Schaack: 2012, Präsidentin: Anny Gross-Theis.
3   www.niti.lu
4   Schaack, Michel: *Christ Sein. Mit Zorn und Zärtlichkeit*. Luxemburg: Erwuessebildung, 2013. Das Buch ist vergriffen.
5   Schaack Jean: *Politische Systeme*. Luxemburg: Sankt Paulus, 1987.
6   Schönburg, Alexander von: *Weltgeschichte to go*. Berlin, Rowohlt, 2016.
7   Auszug des Aufsatzes *Die Chance des Christentums*, zitiert von Reitz Rüdiger (siehe oben). Seite 324.
8   Caparrós, Martin: *Der Hunger*. Berlin: Suhrkamp, 2015, S. 122.
9   www.universal_lexikon.deacademic.com
10 Broschüre zum Musical. Duisburg, 1999.
11 *Menschen in Bewegung*. Esch-Alzette: *Le Phare* 1995. *Die Luxemburger in der Neuen Welt* (Erster Band) von Nicolas Gonner. Esch-Alzette: Schortgen, 1985.
12 *Les grands événements de L'Histoire des enfants*. Paris : Larousse, 1995. S. 170/171.
13 *Kinderarbeit einst und jetzt*. Luxemburg: Aide à l'Enfance de l'Inde, 2007. S. 9.

14 Johansen, Erna M.: *Betrogene Kinder*. Eine Sozialgeschichte der Kindheit. Frankfurt am Main: Fischer Taschenbuch Verlag, 1978. S. 94.

15 Erste Strophe des Gedichtes, das Freiligrath als Neunzehnjähriger geschrieben hatte und das von Franz Liszt (1811-1886) in Musik umgesetzt wurde (Liebesträume Nr. 3).

16 *Geschichte*, Magazin 11/2016. Wolff war enger Weggefährte von Marx und Engels. Zitat aus einem Brief von Juli 1833 an den elsässischen Schriftsteller August Stöbe.

17 Das letzte Gedicht aus dem elfteiligen Zyklus „Die Not", entstanden in den Jahren 1844/45.

18 *Damals*, 2/2013.

19 www.regionalgeschichte.net

20 Klee Ernst: *Randgruppen-Pädagogik*. Düsseldorf: Patmos, 1973.

21 www.genossenschaftsgeschichte und Schmidt-Biesalski (Hg.): Geld regiert die Welt: Peter Hammer, 1985. S.150.

22 Ebd.

23 Titel des Buches: *Die Darlehenskassen-Vereine als Mittel zur Abhilfe der Noth der ländlichen Bevölkerung sowie auch der städtischen Handwerker und Arbeiter.* (Erscheinungsjahr 1865).

24 Heine, Heinrich: *Deutschland. Ein Wintermärchen*. Paderborn: Schöningh, 2014.

25 Lepenies, Philipp: *Armut*. München: C.H. Beck, 2017. S. 63.

26 Luxemburger Wort, 9. Mai 2016.

27 Lepenies, Philipp: *Armut*. München: C.H. Beck, 2017. S. 64.

28 Lepenies, Philipp: *Armut*. München: C.H. Beck, 2017. S. 67-71.

29 Mock Ursula: *Cardijn und sein Werk*. Limburg: Lahn, 1971.

30 *Damals* 2/2013.

31 In: *Deutschland. Ein Wintermärchen*. Paderborn: Schöningh, 2014.

32 Bebel, August: *Die Frau und der Sozialismus*. Bonn: Dietz, 1994.

33 Online Texte der Akademischen Bad Boll.

34 Würtembergische Kirchengeschichte: www.wkgo.de

35 *Chrismon*, evangelisches Magazin 2/2017.

36 Keir Hardie, einer der Gründer der Labour Party, nannte so das Basler Münster.

37 Wagener Renée : *Méi Sozialismus*. Luxembourg: Fondation Lydie Schmit (Hg.), 2013.
38 Zeitschrift *Standpunkte/Kirche und Sozialismus* (1905).
39 Ebd.
40 Siehe: Kerkshaw Ian: *Höllensturz. Europa 1914 bis 1949.* München: DVA, 2016.
41 *Entdecken und Verstehen 3 Geschichte Luxemburgs.* Berlin: Cornelsen, 2012. S. 73.
42 Illies Florian: 1913. *Der Sommer des Jahrhunderts.* Frankfurt/Main: *S.* Fischer, 2012. S. 155 u. 310.
43 *Entdecken und Verstehen 3 Geschichte Luxemburgs.* Berlin: Cornelsen, 2012. S. 81.
44 Ebd., Seite 84.
45 Ulrich Herbert: *Geschichte Deutschlands im 20. Jahrhundert.* München: C.H. Beck, 2017. S. 172.
46 Remarque, Erich Maria: *Im Westen nichts Neues.* Köln: Kiepenheuer&Witsch, 2014.
47 *100 Joer fräi Gewerkschaften* (100 Jahre freie Gewerkschaften). Esch/Alzette: Le Phare, 2016. S. 95.
48 *Ernstfall Frieden.* Lehren aus der deutschen Geschichte seit 1914. Bremen: Donat, 2016.
49 Wolfrum Edgar: *Welt im Zwiespalt.* Stuttgart: *Klett-Cotta*, 2017.
50 Ausdruck von Ulrich Ladurner, Journalist *DIE ZEIT*.
51 Strophe des Antikriegsliedes: „Where have all the flowers gone" von Pete Seeger.
52 Gedicht/Auszug *Ich bin in Sehnsucht eingehüllt.* Hamburg: Hoffmann u.Campe, 1980. S. 14
53 Cavalin et Viet: *Les prêtres ouvriers après Vatican II.* Paris: Karhala, 2016.
54 Cesbron Gilbert : Les Saints vont en enfer. Paris : Le livre de poche, 1952.
55 Confédération de Travail.
56 Pius XII.: Oberhaupt der katholischen Kirche von 1939 bis 1958.
57 Paul VI.: Oberhaupt der katholischen Kirche von 1963 bis 1978.
58 *Deutsche Gesellschaftsgeschichte Band 4* München: C.H. Beck, 2003.
59 www.heinrich-vogeler.de; www.Russland-Heute.de in: *Süddeutsche Zeitung* 26./27. Nov. 2016.
60 Pius X., Oberhaupt der katholischen Kirche von 1903 bis 1914.

61 Mouvement Républicain Populaire (1944-1967).
62 Berdjajew Nicolai: *Wahrheit und Lüge des Kommunismus.* Wien: Neue Mitte, 1977.
63 In: *Die Brücke,* evangelische Kirchengemeinde Aachen, Herbst 2011.
64 www.geschtkult.fu-berlin.de/seminar für katholische Theologie.
65 *Süddeutsche Zeitung,* 15. Juni 2016; *ZEIT* Geschichte 47/2009.
66 Pius XI., Oberhaupt der katholischen Kirche von 1922 bis 1939.
67 Dominique Pire, Gründer der *Iles de Paix,* Friedensnobelpreisträger 1958.
68 *Christen und Marxisten im Friedensgespräch.* Wien, 1976. S.68.
69 www. chrisoz.de
70 Joinet Bernard: *Le soleil de Dieu en Tanzanie.* Paris: Cerf, 1977. S. 54 und Joinet, Bernard : *Sorciers, socialisme et sida.* Paris : L'Harmattan, 2008.
71 www.deutschelyrik.de
72 *Luxemburger Wort,* 3. Nov. und 5./6. Nov. 2016.
73 *FAZ* Magazin, 2. März 1990.
74 *...trotzdem Ja sagen zum Leben.* Köln: Kösel in der Verlagsgruppe Random House, 2016 (8. Auflage). S. 130. www.victorfrankl.org
75 *...und führen wohin Du nicht willst.* Gütersloh: Bertelsmann Lesering, 1968.
76 tageblatt, 15. November 1986.
77 Rinser Luise: *Mit wem reden.* Frankfurt/Main: S.Fischer, 1984. S. 69. und S. 77.
78 Rinser Luise: *Im Dunkeln singen.*: Frankfurt/Main: S.Fischer, 1985.
79 Böll Heinrich: *Und sagte kein einziges Wort.* München: dtv taschenbuch, 1998.
80 Girardi Giulio: *Christen für den Sozialismus. Warum?* Stuttgart: Kohlhammer, 1983.
81 Titel einer Liturgie, gefeiert von evangelischen und katholischen Christen, für die religiöses Gebet ohne politische Konsequenzen eine Heuchelei war. Dieser Gottesdienst besteht seit 1968.
82 www.dorothee.soelle.de
83 Troxler, Ferdinand: *Christentum und Sozialismus.* Norderstedt: BoD, 2013.

84 Greinacher Norbert: *Die Kirche der Armen*. München: Piper, 1980; *Von der Wirklichkeit zur Utopie*. Frankfurt/Main: Peter Lang, 2010.

85 www.huubosterhuis.de und www.deniewelief.de

86 *Publik-Forum* Nr 15/2015 und www.aufbruch.ch

87 Bichsel Peter: *Über Gott und die Welt*. Frankfurt/Main: Suhrkamp, 2009.

88 Autorenlexikon, CNL Mersch (Luxemburg).

89 Godar Patrick ist seit Mai 1994 «administrateur délégué» der Stiftung Partage Luxembourg (anc. Bridderlech Deelen).

90 www. *Stuttgarter-Zeitung*.de (30. Juni 2014).

91 www.*itpol*.de

92 Ramminger Michael: *Auf den Spuren einer Kirche der Armen*. ITP-Kompass. Münster, 2014 und 2017.

93 *Süddeutsche Zeitung* vom 4./5. Februar 2017.

94 *Süddeutsche Zeitung* vom 27./28. Dezember 2014.

95 Wehner Herbert: *Christentum und demokratischer Sozialismus*. Freiburg: Dreisam, 1985.

96 Mouvement Républicain Populaire.

97 www.emmaus-france.org ; www.emmaus-international.org

98 Abbé Pierre: *Je voulais être marin, missionaire ou brigand*. Paris: J'ai Lu, 2002; Abbé Pierre: *Testament*. Paris, Bayard, 1994. So manche in die deutsche Sprache übersetzten Bücher von Abbé Pierre sind im Tyrolia-Verlag erschienen.

99 www.akc-bw.de

100 *Rhein-Neckar-Zeitung*, 4. Dezember 2013.

101 www.kas.de (Geschichte der CDU).

102 Hg. *Brot für die Welt*. Bonn, 1994.

103 Schmidt Helmut: *Religion in der Verantwortung*. Berlin: Propyläen, 2011.

104 www.weltethos.org

105 www.weltethos-praktisch.de

106 *Süddeutsche Zeitung* 9. Dezember 2016 *und DIE ZEIT*, 5/2016.

107 Eppler, Erhard: *Ende oder Wende*. Stuttgart: Kohlhammer, 1975 und *Wege aus der Gefahr*. Berlin: *Rowohlt*, 1988.

108 Eppler E., Paech N.: *Was Sie da vorhaben, wäre ja eine Revolution*. München: oekom Verlag, 2016.

109 *DIE ZEIT*, 5/2016.

110 Vogel/Maischberger: *Wie wollen wir leben?* München: Siedler, 2011.

111 Gorbatschow, Michail: *Ein Appell an die Welt.* Salzburg: Benevento, 2017.

112 Auszug aus der Rede von Johannes Rau in der Evangelischen Fakultät der Universität Bochum, 1997.

113 Dutschke Rudi: *Die Tagebücher 1963-1970.* Köln: Kiepenheuer&Witsch, 2003.

114 *CuS,* Juli 2013.

115 *DIE ZEIT,* Nr 37/2009.

116 Schütt Hans-Dieter: Friedrich Schorlemmer. *Zorn und Zuwendung.* Berlin: Das Neue *Berlin,* 2013. S. 63.

117 *Süddeutsche Zeitung,* 7. Oktober 2016.

118 *La Croix,* 30. Dezember 2016.

119 *Süddeutsche Zeitung,* 7. Oktober 2016.

120 www.klaus-jensen-stiftung.de

121 *Publik-Forum* 22/2016.

122 Dreyer Malu: *Die Zukunft ist meine Freundin.* Köln: Quadriga/Bastei Lübbe AG, 2015.

123 Publik-Forum/Dossier: *Warum ich (nicht) bete.* Dezember 2016.

124 Domradio, 5. Dezember 2014; www.dielinke.de/ag

125 www.ak-christen.spd.de/dokumente

126 *DIE ZEIT,* 3. Februar 2015.

127 *taz,* 7. Juni 2016.

128 Nahles, Andrea: *Frau, gläubig, links.* München: Pattloch, 2009.

129 Kk, Nahles, Andrea u. Hendricks, Barbara: *Für Fortschritt und Gerechtigkeit.* Berliner Vorwärts Verlagsgesellschaft, 2012.

130 Pelletier/Schlegel: *À la gauche du Christ. Les chrétiens de gauche en France de 1945 à nos jours.* Paris: Seuil, 2012.

131 *La Croix,* 15 mai 2015.

132 www.frsc.ch

133 www.ilrs.org/deutsch

134 Lessenich, Stephan: *Neben uns die Sintflut.* Berlin: Hanser, 2016.

135 Lauster Jörg: *Die Verzauberung der Welt. Eine Kulturgeschichte des Christentums.* München: C.H.Beck, 2016.

136 Gutiérrez, António: *Theologie der Befreiung.* München: Chr. Kaiser, 1973. Eine profunde Dokumentation über diese Theologie, von ihren Anfängen bis heute, liefert das

Nachschlagewerk *Dictionnaire historique de la Théologie de la Libération,* erschienen 2017 im Lessius Verlag der Jesuiten, Namur (B).

137 Hélder Câmara: *Die Spirale der Gewalt.* Graz: Styria, 1971.

138 www.scjef.org

139 Freire Paulo: *Pädagogik der Unterdrückten.* Reinbek/Frankfurt: Rowohlt Tb, 1973.

140 Miranda, Portifirio: *Der Kommunismus der Bibel.* Münster: ITP-Kompass, 2014.

141 Cardenal, Ernesto: *Das Buch von der Liebe.* Wuppertal: Peter Hammer, 1991. S. 84.

142 Cardenal, Ernesto: *Das Evangelium der Bauern von Solentiname.* Wuppertal: Jugenddienst Verlag, 1976.

143 In: *Es kommt der Tag.* Maria Laach, 1987. S. 20.

144 Titel des gleichnamigen Buches über C. Torres. (Wind Renate: *Bis zur letzten Konsequenz.* Weinheim und Basel: Beltz Verlag, 1994).

145 Ebd.

146 *SERPAJ*, Abkürzung von Servicio Paz y Justicia. www.adolfoperezesquivel.org

147 Papst Benedikt XVI., Oberhaupt der katholischen Kirche von 2005 bis 2013.

148 Bösch, Angelika: *Leonardo Boff, Anwalt der Armen.* Bollingen (CH): Wegwarte 2008.

149 Boff, Leonardo: *Charisma und Macht.* Gütersloh: Gütersloher Verlagshaus, 2011.

150 Goldstein, Horst: Boff Leonardo. *Zwischen Poesie und Politik.* Mainz: Matthias Grünewald, 1994.

151 Ökumenisches Hilfswerk der evangelischen Kirche; www.knh.de

152 www.cristovive.de

153 Echevarria Mónica: *Antihistoria de un luchador* (Clotario Blest 1823-1990). Santiago: Edición Echevarria. www.clotarioblest.com

154 www.youtube.com Mariano Puga

155 Mayer K./ Krumpen A.: *Das Geheimnis ist immer die Liebe.* Freiburg: Herder Tb, 2010.

156 Autor mehrerer Bücher, so: *Das Evangelium gestattet keine Resignation.* Freiburg/Schweiz: Exodus, 1988.

157 Interview in: *chrismon*, Juli 2010. Frenz, Helmut...*und ich weiche nicht zurück*. Leipzig: Gustav-Adolf-Werk e.V., 2008.
158 Simon, Ulli: *Septembertage*. Bremen: Atlantik, 1998. S. 155.
159 Geitzhaus/Lis/Ramminger: *Auf den Spuren einer Kirche der Armen*. Münster: ITP, 2017.
160 Gründer des Obdachlosenprojekts *El Hogar de Cristo*.
161 Arntz Norbert: *Der Katakombenpakt. Für eine dienende und arme Kirche*. Kevelaer: Verlagsgemeinschaft topos plus, 2015.
162 Christdemokratischer Präsident Eduardo Frei Montalva (1964-1970).
163 Sozialistischer Präsident Salvador Allende Gossens (1970-1973).
164 www.lgs.lu
165 Weber Max, Soziologe (1864-1920).
166 Gandhi Mahatma (1869-1948), indischer Politiker und Reformator.
167 Mandela Nelson (1918-2013), südafrikanischer Staatspräsident.
168 Kant Immanuel (1724-1804), Philosoph.
169 Tageblatt, 20. Juni 2017.
170 Caparrós, Martin : *Der Hunger*. Berlin: Suhrkamp, 2015.
171 Wolfrum, Edgar: *Welt im Zwiespalt*. Stuttgart: Klett-Cotta, 2017. S. 173.
172 Erklärung vom 12. Dezember 2016.
173 Originalausgabe: *La Société des Egaux*. Paris: Seuil, 2011.
174 Zeitschrift der CGFP Luxemburg, Februar 2017.
175 Parra Violeta (1917-1967) gehört mit Victor Jara (1932-1973) zu den bekanntesten Folksängern Chiles.
176 Interview in der Wochenzeitschrift *VSD*, 2. Dezember 1983.
177 Thiago de Mello: *Gesang der bewaffneten Liebe*. Wuppertal: Peter Hammer. S. 19.
178 Chorale Municipale Sängerfreed, Präsident Lucien Einsweiler, musikalische Leitung: Nancy Back-Kelsen. www.chorale-bettembourg.com

REGISTER